IDEAS PARA PRECANDIDATOS
a gobernante en el Perú

Documento de Discusión 20 Enero 2015

I N D I C E

I. PRESENTACION

El autor entrega a su Patria, el Perú, y al Mundo la primera edición de la presente obra, que mientras viva desearía actualizarla para cada proceso electoral nacional como un grano de arena de la Tercera Edad para el desarrollo nacional, con la esperanza de que los conocimientos, vivencias y experiencias acumulados desde su nacimiento en 1941 sean bendecidos por Dios, porque están escritos pensando en el bienestar de la Nación, particularmente del estrato de su origen: los de abajo, los más pobres, creyente de que la democracia que pregonamos, a diferencia de las contadas monarquías y dictaduras o la dedocracia o familiocracia o amigocracia, debería ser el camino para que la Madre Patria ofrezca por igual a todos sus hijos la oportunidad de servirla, preparándose durante la vida para la aspiración suprema de por lo menos pensar en llegar a través de un Partido Político no solamente a formar parte de la masa popular ninguneada, electora no escuchada, no deliberante, sino también a postular para la enorme responsabilidad de dirigir su destino como autoridad suprema de la comunidad nacional, regional, provincial y distrital.

Requisito mínimo para alcanzar tal privilegio y responsabilidad que no tolera improvisaciones o imprudencias y ligerezas juveniles, como en cualquier carrera profesional, debe ser la culminación del recorrido ascendente que se inicie con el conocimiento de la realidad nacional desde la base de la pirámide organizacional de la sociedad y del gobierno y sea canalizado a través de los peldaños de una Carrera Política de Servicio al Pueblo, que se debe iniciar con las elecciones democráticas internas, libres, directas, de voto universal y secreto, es decir iniciar la carrera por lo menos desde los niveles de liderazgo barrial, gobierno distrital, pasando por los niveles provincial, departamental, regional, congresal o cargos públicos equivalentes antes del Máximo Dignatario de la República, sin que sea suficiente ser un genial director de programa de tv o combi de última hora, ni hijo, sobrino, familiar o cónyuge de presidente.

A imagen del proceso electoral democrático de Estados Unidos tomado como el menos imperfecto modelo en que el Precandidato Obama tuvo que competir previamente al interior del Partido Demócrata, con la Precandidata Clinton los votos de sus partidarios simpatizantes antes de enfrentar y vencer al republicano McCain, para competir con el Candidato Ollanta Humala y otros, en las elecciones primarias del Proceso de Elecciones Generales del 2006, el Pre-Candidato Alan García dictó cátedra de democracia, al haber tenido que dirimir diferencias con otros pre-candidatos al interior de su Partido que, consecuente con su largo historial y mejor organización del mismo, que inclusive abrió sus puertas a invitados independientes. En 1986, similar proceso de filtración había llevado al autor a postular exitosamente al voto directo-universal-secreto de su Pueblo para la Alcaldía de Sicaya 1987-1989.

Sin ánimo de afectar la estabilidad política del país, más que una crítica destructiva al primer año de gobierno del Presidente Humala, aunque impotente y sin medios suficientes, el autor se atreve a entregar a la Nación el presente trabajo, indignado por la fallida repartija de ingresos de los congresistas, sin que ningún Poder del Estado pueda impedirlo, y menos el Pueblo subempleado, desempleado, desnutrido, analfabeto, peor aún las distantes comunidades amazónicas, andinas, afroperuanas, rurales y urbano marginales, salvo la Juventud que también evitó la consumación de la Ley Pulpín.

II. MENSAJE PRELIMINAR

Se dice que "Nadie le daba bola" a la primera obra de nuestro Premio Nobel. Algo parecido viene ocurriendo con la presente, no aceptada por varias editoras importantes de Lima, posiblemente por el contenido altamente explosivo con que se ven a las "verdades que duelen". Sin embargo, para complacencia del autor, en esos caminos parecen filtrarse, en buena hora, algunas ideas ejecutadas aproximadamente por la sensibilidad de Palacio. Una razón más que impele a intentar una vez más su publicación, por el medio que parece más democrático: como ebook, ojalá bien manejado por la editora virtual AMAZON, con las siguientes aclaraciones:

En pago a todo lo recibido de sus padres, de sus maestros, su comunidad distrital, provincial, departamental, nacional e internacional, el "Chapatín" base 7 ha concebido el presente documento, suma de ideas que viene madurando por décadas para ser entregado antes de emprender el viaje sin retorno, en la convicción de estar cumpliendo su deber con Dios y la Patria que le dieron oportunidades como la de servir en la Interpol, en el Gobierno Municipal, en el utòpico Sistema Nacional de Planificación y en la actual micro empresa y consultoría creadas para salir del subempleo y educar a sus hijos, generar empleo aunque eventual, impuestos y divisas para el Estado, agregar valor a los recursos naturales de la mar, la costa, la sierra y la amazonía.

Distinguido por tres presidentes de la República con el Emblema de Brigadier de Cadetes de 2° Año 1961, la Espada de Oro de Brigadier General de la Escuela de Oficiales de la PIP 1962, la Insignia de Oro del Primer Puesto de la Promoción de Investigadores Profesionales 1963, haber pisado 3 universidades, alcanzado el Certificado de Post Grado de Planificación para el Desarrollo del PNUD-ESAP 1973.

En el 74 fue asignado para integrar el Equipo Cívil-Militar-Policial de implementación de las leyes orgánicas del Poder Ejecutivo y del Sector Interior, así como de los sistemas de Inferencia Estadística, Organización, Planificación y Presupuesto Funcional Por Programas, Racionalización de Procedimientos,

Clasificación y Homologación del Capital Humano, Pre Inversión, Cooperación Intersectorial e Internacional, entre otros.

Preparado para conducir colectividades humanas a una sola voz, el presente estudio es un llamado a los peruanos a que en los partidos que se juega diariamente el Perú, decidamos entrar a la cancha a meter el gol del triunfo, cooperar en la solución de los problemas que le aqueja y no nos limitemos a ser buenos jugadores desde las tribunas, con la convicción de que SI TODOS LOS PERUANOS ESTUVIERAMOS UNIDOS EN UN SOLO CUERPO PESADO PODRIAMOS APLASTAR LOS PROBLEMAS Y EXCESOS POR MAS COMPLEJOS QUE SEAN.

Es hora de que los hijos más calificados del Perú encabecemos los combates, que los partidos políticos fortalezcan la democracia debatiendo públicamente en los cabildos abiertos sus propuestas de solución a los problemas nacionales, departamentales, provinciales y distritales y no aparezcan solamente para las elecciones. Preparando cuadros de postulantes que practiquen la democracia interna, con la postulación y confrontación de precandidatos de "caras nuevas" y "manos limpias" afirmando la inconveniencia de toda reelección inmediata, y peor toda re reelección sinónimo de corrupción, tristemente alentada por quienes decían en el 90 "Qué será del Perú sin el mejor presidente", como si los otros peruanos fuéramos unos inútiles. Pasar a los sabios de los poderes del Estado, a puestos de asesores de los nuevos elegidos. De paso que reaprendan a producir en el llano.

6 AGOSTO 2010
Esta primera edición se inspira en el 6 de Agosto, las reflexiones finales que han tenido lugar en la celebración el 2010 en las Pampas de Junín, de la trascendental, victoriosa y gloriosa Batalla Libertaria de 1824, en medio de los procesos de elecciones regionales, provinciales y distritales, pensando en las elecciones presidenciales y congresales, antes de la infructuosa dedocracia, borregamente aceptada por la dirigencia de algunos partidos políticos, con las consecuencias ya conocidas.

Era su deseo llegar a tiempo al debate nacional de pre-elecciones democráticas internas, directas, secretas y universales, dentro de los procesos de elecciones primarias con la confrontación y polémica de precandidatos que deberíamos fortalecer para elegir a los candidatos a gobierno distrital, provincial, regional y nacional, identificado con los pensamientos rectores de Ricardo Palma "Pobre Cuna Meció mi Infancia, Aún Así no la cambio por ninguna", de Cesar Vallejo "Las Riquezas (materiales e inmateriales) y Privilegios recibidos son del Pueblo y Deben Regresar a Él".

En lugar de guardar mezquina y silenciosamente las ideas, con la única autoridad moral de alcalde sobreviviente del terrorismo, ahora el ex servidor civil jubilado que tuvo la necesidad de convertir un hobby en empresa pluralista generadora de los saldos que permitieran parar la olla y salir del subempleo, agregar el "plus" a los subvaluados productos agropecuarios del campesino, generando empleo, impuestos y divisas para la Nación, consciente de que nunca es tarde, pone disciplinada y desinteresadamente a disposición del actual Presidente Constitucional de la República, así como de los precandidatos que ya se perfilan.

DOCUMENTO DE DISCUSION
A pesar de que su concepción y gestación data del Siglo pasado en que se le truncaron varias pre postulaciones debido a razones personales y factores endógenos y exógenos del Partido Político, tampoco desea el documento interferir con las ideas del Presidente de la Republica y los saldos de su Equipo de Gobierno elegidos para el periodo 2011-2016, sino poner a disposición de la Nación las ideas actualizables para cada período de Elecciones, pensando que de las condiciones objetivas que se den surgirá dialécticamente un tercero, como síntesis de la contradicción entre la tesis y antitesis.

III. EXPERIENCIA MADRE DE LA CIENCIA

Consciente de la misión de toda criatura de Dios, bien nacida en la humildad de un pesebre andino, bendecido con la inteligencia, sabiduría y sensibilidad social de sus ancestros, que ha tenido el privilegio de primogénito bien nutrido, contar con padres, maestros y organizaciones nacionales y extranjeras que le dieron las oportunidades de buena educación, formación teórica y práctica para abrir las puertas de los mejores centros de conocimientos científicos y tecnológicos que posibilitaron su acceso desde la condición de peón y pastor "calachaqui" -de Familia Campesina Minifundista, Micro agropecuaria castigada por 4 años de inclemencia continua de la naturaleza -a puestos importantes difícilmente alcanzables por los hijos del Pueblo, como un Postgrado del PNUD.

Nacido para dar ejemplo de construir, compartir y contribuir, con ideas como que la SUNAT, en lugar de la imagen represiva del 90 y pasiva del 2, 000, más bien salga al campo a reforzar la función docente para prevenir y promover la cultura tributaria de las microempresas exitosas, brindando mayor apoyo y asesoramiento y facilidades para el crecimiento del espíritu tributario en los migrantes exitosos como sus colegas los Emolienteros, calderos de Cabeza, Gallina y Chairo de La Parada, a condición del consciente impuesto de solidaridad para ayudar a nuestros hermanos que no alcanzaron la nutrición materno-infantil adecuada o se quedaron allá en la Pacha Mama sin mayor posibilidad de realización, rescatando y capitalizando el Estado los inmuebles abandonados por efecto de la migración, para con ellos mismos destinarlo a proyectos de desarrollo local, regional y nacional, antes de que se caigan por efecto de la lluvia y el abandono.

Contra la adversidad de haber visto truncadas las becas para seguir estudios de perfeccionamiento profesional otorgadas por Brasil, Estados Unidos y Gran Bretaña al haber ostentado la Espada de Oro de Brigadier General y haberse graduado con la Insignia de Honor de la Escuela de Oficiales de la PIP, conocedor de la realidad y territorio de casi todos los departamentos del Perú, con los estudios universitarios de Derecho, Economía y Educación, inconclusos por insuficiencia de recursos económicos, después de haberse codeado en la ESAP de la década del 70 con los mejores profesionales de las universidades públicas..

Como Presidente de una de las asociaciones de Jubilados, ex Servidor Técnico Profesional y Político del Estado en importantes cargos de investigación, dirección, gobierno, planificación, racionalización, Presupuesto por Programas, Objetivos y Resultados, Alcalde en tiempo de inseguridad ciudadana y Gerente "de a pie" de la empresa privada copionera de la internacionalización del boom de la gastronomía peruana, Jesús Manuel Gutarra Carhuamaca, cree su deber, alcanzar a la Nación las siguientes ideas que como la chicha de jora vienen madurando desde que tenía uso de razón, hasta su actual condición de microempresario que mochila a la espalda, barreta, pico y lampas en mano, sigue buscando incansablemente, ingresar su poli potaje llamada pachamanca saludable "made in Perú", insumos y derivados, a los "nichos" del mercado nacional e internacional.

IV. IDEAS CLAVE PARA PROFUNDIZAR EL DESARROLLO 2011-2036

Para consolidar la posición del Perú como País Emergente, como veremos a continuación, el autor piensa que el Plan de Desarrollo de cualquier candidato a gobierno debe iniciar primero con la erradicación de la principal causa de la pobreza extrema rural y urbano marginal: la desnutrición materno infantil, profundizando el desarrollo cuantitativo y cualitativo en los diferentes sectores de la Administración Pública, para lo cual serán necesarias algunas reformas del Estado, en un marco de confianza, tranquilidad, seguridad y paz nacional.

El Pensamiento Pluralista del autor, también considera que los objetivos y metas propuestos son perfeccionables y alcanzables por lo menos en un largo plazo 2016-2031, en el marco del Acuerdo Multipartidario para la Seguridad y Desarrollo Nacional que suscriban seriamente todos los partidos políticos y fuerzas vivas del país, un plan permanentemente seguible, controlable y evaluable y ajustable con el patriótico y generoso deseo de COMPARTIR, comenzando por el autor y la dulzura de su lengua materna: El Quechua. La reina vicuñita, el cuy mágico y el oro de todos los colores que Dios ha legado al Tawantinsuyo.

Si ya gobernaron los conquistadores, piratas, corsarios, migrantes y sus descendientes que por siglos monopolizaron la cultura política, este libro es una ayuda para los nativos que pretendan seguir profundizando con mayor conocimiento de la realidad nacional, los proyectos de los gobiernos anteriores. ¿No creen que les toca el turno también a los herederos de los peruanos más antiguos que sudan la camiseta para hacer más grande y próspera la mar, la costa, la sierra y la amazonía olvidados por los otorongos enquistados gracias a su dinero?.

A continuación las ideas de solución, priorizadas a partir de de los problemas considerados más graves.

Cada área temática de la problemática nacional se pretende identificar titulando con el aspecto más crítico, como el Analfabetismo en el tema complejo y amplio de la Educación.

La idea clave central de la obra es que no habrá mayor desarrollo de la democracia si antes de toda elección general no cuidamos que hayan por lo menos 2 contendores precandidatos que confronten sus ideas no solo verbal o virtualmente, sino por escrito, desde los niveles distrital, provincial, departamental y con mayor razón a nivel nacional. Si no hay elección, no hay democracia, si no hay por lo menos candidatos no puede haber elección. Así de simple.

Es hora de que gane la VERDAD expuesta con anticipación, el Pueblo está cansado de soportar la mentira de que los candidatos ganen unas elecciones con un plan u hoja de ruta y llegado al sillón presidencial nos salen con otro, sin equipo debida y suficientemente afiatado y compenetrado para ejecutarlo, generando la inestabilidad peligrosa para el país, un aprendizaje lento que es perjudicial.

1. DETECTAR IDENTIFICAR DIAGNOSTICAR PRONOSTICAR ANALISAR CUANTIFICAR PLANIFICAR DEBATIR PUBLICAMENTE INVESTIGAR EDUCAR CAPACITAR PARA PREVENIR Y SOLUCIONAR COLECTIVAMENTE LOS PROBLEMAS DE POBREZA EXTREMA

SINTOMAS:

- Si analizamos con metodología científica la problemática nacional, posiblemente encontremos en la crisis de valores y desnutrición las raíces profundas de la tragedia del Perú. Más, el más urgente de los problemas viene a ser la pobreza extrema que vemos con vergüenza en la mendicidad de los puentes y entradas de la avenida Javier Prado, que reflejan hambre, indigencia, analfabetismo, desempleo; en la tugurización, promiscuidad y proclividad delictiva de los callejones y cerros; en el lomo para los ricos, el hueso y la piltrafa para los pobres extremos, que se debaten entre las lunas polarizadas de la indiferencia y la impotencia de los que viven al lado de la cruda realidad de las zonas urbano marginales e inhóspitas de los andes y la amazonía, que se agudiza en la abismal distancia de los múltiples e ingentes ingresos silenciosos de las altas jerarquías de los insensibles servidores públicos en los poderes del Estado, como el secreto regalón de navidad 2012 que duplicaba los emolumentos de los congresistas otorongos, escandalosamente cuadruplicado con el sueldo de cierta ministra, hechos bochornosos que habrían pasado inadvertidos de no haber sido descubiertos por la prensa y rechazados por la juventud a tiempo.

PROPUESTAS:

1,- Si bien no proponemos otorgar costosos automóviles con chofer y servicio doméstico, los jugosos ingresos de las altas jerarquías de los servidores de los poderes del Estado, el apogeo que vive la economía nacional debe llevarnos a pensar que desde la Revolución de 1789, toda Familia Peruana conformada por Marido, Mujer y por lo menos 2 hijos, además de libertad y fraternidad, debe tener igual mínimo derecho a la oportunidad de un crédito público que le permita cubrir una elemental alimentación balanceada para nutrirse, educarse, trabajar, tener por lo menos un lugar donde vivir, crecer y desarrollarse honrada y solidariamente con las comodidades imprescindibles de agua potable, desague, luz, teléfono, internet, ropa de verano y de invierno. Son las necesidades mínimo indispensables para llevar una vida digna, lo contrario es vivir en condiciones infrahumanas.

2.- Contra las abismales diferencias sociales, económicas, educativas, culturales y políticas entre los ricos y pobres, entre los que prefieren pasear en auto de lujo y alimentar a sus perros con clínica, y los que le falta, crear el Sistema Multisectorial de solución permanente de los casos de extrema pobreza, vía alimentación nutritiva y alojamiento temporal, formación, capacitación, asesoramiento, apoyo con capital de trabajo y autoempleo empresarial sostenible en el tiempo, en lugar del asistencialismo y sobreprotección paternalista que genera parasitosis social si no hiere la dignidad humana, alimenta el conformismo, se presta a la corrupción y burocratismo improductivo..

3.- Contra la tugurización, promiscuidad y condiciones infrahumanas de la vida en las cuevas y sótanos de los cerros y barrios populares como San Cosme, los callejones de un solo caño y quincha de Mendocita y Barrios Altos, sin tratamiento de aguas servidas y residuales, corresponde al Estado concitar el interés de las universidades y colegios profesionales de salud, educación, ingenieros, sociólogos, arquitectos, instituciones, empresas y los que resulten indispensables para dignificar la vida de tantos peruanos todavía olvidados y marginados. Los gobiernos deben ocuparse de los pobres extremos, que los ricos se ocupan de sí mismos. El Estado debe convertir en bosques y jardines botánicos las manzanas de casonas abandonadas del centro de Lima y del interior del país, por abandono de sus dueños que migraron a la costa o al más allá, si no residen en el extranjero o en las zonas residenciales de las megaciudades, antes de que se desplomen por abandono.

4.- Buscar la igualdad de oportunidades de desarrollo de los peruanos y pueblos, apadrinando los distritos más desarrollados de la costa como Punta Sal, Ancón, Asia, Chaclacayo, San Isidro, Miraflores, San Borja, La Molina y Surco a los pueblos jóvenes de las urbes, distritos en desarrollo y abandonados de la Sierra y la Amazonía Peruana, para sensibilizar, transferir y compartir los privilegios, oportunidades, igualdad y progreso con apoyo del Estado, frenando la migración de los campesinos andinos a la selva y la costa, incentivando el retorno de migrantes exitosos de la ciudad a impulsar el desarrollo de la tierra natal.

5.- Contra la soberbia y los parasitarios hábitos virreinales y dictatoriales de ciertas autoridades de gobierno uniformado y civil, enseñar desde el hogar, la Iglesia, la comunidad, la escuela y el jardín de infancia actividades manuales y sencillas de panificación, cocina, carpintería, electricidad, albañilería, gasfitería, costura, artesanía, tecnología de punta, creatividad, innovación científica y tecnológica y otras actividades productivas por las cuales se incline también la niñez y la juventud peruanas. Desterrar la ostentación del carro, chofer, cocinera y comodidades ilimitadas que deberían pagar con su bolsillo; salvo en el ejercicio de una misión pública, atendida de preferencia por empresas de taxistas, de gastronomía y turismo que por lo menos generan igv y otros impuestos, igual con los que menos tienen.

6.- Contra el maltrato de la humildad e inocencia de los soldados "Morocos", contra el empleo indebido, contra el abuso y la prepotencia, contra el ocio, vagancia, tendencia al pandillaje y la indisciplina juvenil que linda con lo antisocial que debemos prevenir creando un colegio militar-policial gratuito por provincia, en lugar de cárceles, para enderezar a tiempo el árbol torcido o por torcerse, encaminándolos a los institutos y universidades civiles, militares y policiales, que satisfagan las crecientes necesidades de elementos profesionales que garanticen la seguridad y orden de nuestra sociedad con tratos más dignos que puedan contribuir en la alfabetización ocupacional, profesionalización y formalización empresarial autosostenible, disciplinada y tributaria de la juventud peruana.

7.- No más diferencia ni odio entre civiles y militares, no más humillación de los soldados por sus jefes, todos somos peruanos con iguales derechos humanos. Sin igualdad no hay justicia, sin justicia no habrá paz. Como dijo algún pensador uruguayo "Con la Verdad no temo ni ofendo". No confundir obediencia, subordinación y respeto con servilismo. La esclavitud y explotación del hombre por el hombre corresponde al pasado. Crear motivos de gratitud a los cuarteles. Los más capacitados y mejor pagados a los frentes de combate, no convertir la necesidad, el voluntarismo e inexperiencia juvenil en carne de cañón. Los soldados tienen igual derecho a las dietas alimenticias de los oficiales, no más insípidas sopas de ladrillo molido, ni carne para los generales y hueso para la tropa.

8.- Después de más de 500 años de dominación y saqueo por los conquistadores, virreyes, piratas, corsarios y sus descendientes, es hora de que la Democracia Peruana conceda también la oportunidad de gobernar a los descendientes de los primeros dueños ancestrales del Perú: los herederos de las culturas del Gran Imperio del Tawantinsuyo: los Inga, los Quispe, los Mamani, los Pizango, hasta ahora marginados, por haberse escapado a la Selva para no ser explotados, en su mayoría en situación de extrema pobreza. Quién mejor que ellos para conocer la causa de sus problemas y soluciones.

9.- Por Ley de Solidaridad, establecer y consagrar el padrinazgo de centros educativos prestigiosos como Newton y Roosevelt, Universidades como PUCP, UPC, UCV, Lima, Científica y Pacìfico, clìnicas como Ricardo Palma, hoteles como Westin, Sheraton, El Pueblo y Marriot, restaurantes como Astrid y Gastòn y Walok, Punta Sal, Muelles, Alfrescos, pachamanquerías como Ponderosa, Paraíso, Mesa de Piedra y Gutarra, municipalidades como San Isidro y La Molina, empresas privadas como Buenaventura, Alicorp y Nestlè, agencias de viaje como Lima tur y Magical Cusco Tour, supermercados, hoteles e instituciones prestigiosas y personas màs ricas de la Capital, Principales Ciudades y Complejos Econòmicos de la costa, para compartir sus conocimientos, experiencias, privilegios y normas de standarizaciòn con sus homòlogos de las 200 provincias de la Sierra y la Selva, con apoyo del Estado. No olvidar que los colegios Alexander Von Humboldt y Markhan comparten ya el 25% de sus vacantes para la niñez màs estudiosa de los pueblos jóvenes y distritos populosos. Porqué la carne solo para los ricos y hueso para los pobres?. ¿No siguen llevándose el oro, la plata, metales preciosos y otras riquezas, dejando para el Pueblo solo migajas como durante la dominación española?.

10.- Contra las costosas y lamentables soluciones tardìas de conflictos sociales, polìticos, econòmicos, territoriales, laborales, etc. ocasionados y agravados por los intereses electoreros de los políticos (tipo Bagua, Moquegua, Puno, Casapalca, Cajamarca, Islay, Conga, Sicaya), donde los más perjudicados son los más pobres, en cada Ministerio y Región debe nacer de la fusión de los órganos de Defensoría del Pueblo, Procuraduría, Control, Defensa Civil y afines, un sistema de Investigación, Detección, Prevenciòn y Soluciòn Oportuna de Conflictos, Catàstrofes y

Problemas Sectoriales   guiado por su ley: Prevenir antes que lamentar..

11.- De un país inquisidor, con altos índices de informalidad, sunat y policía eminentemente represoras, donde las víctimas son los chicos menos informados y no los peces gordos, donde el hilo se rompe por la parte más delgada, pasar a un Estado Escuela de Civismo y Cooperación, donde se enseñe urbanidad, cultura de cooperación y tributación solidaria y consciente, justicia, verdad, igualdad, fraternidad, paz, armonía, prevención, de personas conscientes de sus derechos y obligaciones, y aplicación gradual de sanciones, un pueblo unido por valores, cuidadoso de la limpieza y conservación del medio ambiente.

12.- El "Chapcho"Jesús de infancia "Cala Pata" y "Cala Chaqui", del "Inirulun", primogénito Vendedor del Pan de la Esquina y ahora Pachamanquero, Escritor y otros mil oficios, que iluminó sus estudios con vela y alba de madrugada bajo el árbol de la wata, que da valor agregado a la pesca, la agricultura y ganadería, que genera empleo eventual e impuestos, se prepara para industrializar, exportar y franquiciar, desearía un gobierno con   visión   empresarial   formalizada   y   manejada profesionalmente,   especialmente   en   las   siguientes   áreas temáticas: 1. Nutrición Materno-Infantil. 2.- Educación para el trabajo productivo intelectual, manual, productivo y rentable. 3.- Electrificación. 4.- Sacar al país de la condición pre industrial. Hacer   algo   de   la   Revolución   Industrial   de   los   países desarrollados y 5.- Exportar con valor agregado para satisfacer la demanda insatisfecha del mercado internacional.

13.- Contra el ocio (Madre de los vicios) e inactividad de los niños y jóvenes sobre todo de las familias más pobres de la ciudad, con padre y madre en el trabajo, las agencias de viaje y turismo deben organizar y realizar por cuenta del Estado, viajes y excursiones vacacionales de información turística vivencial y cultural, histórico-geográfico, que motive el conocimiento de las riquezas pesqueras, agrícolas, ganaderas, forestales, mineras, energéticas, etc. de la mar, la costa, la sierra y la amazonía del Norte, Centro y Sur peruanos, con apoyo de los sistemas nacionales de seguridad, salud, educación, turismo, cultura, universidades y colegios profesionales.

14.- Contra la falta de oportunidades, generalizar la educación nocturna gratuita en todos los niveles educativos: nido, jardín, primaria, secundaria, técnica y universitaria, forjando mentes más lúcidas para construir futuro y descubrir oportunidades infinitas de realización personal y colectiva, de modo que en todo momento haya la posibilidad de crear autoempleo sostenible empresarialmente de día y estudio de noche o viceversa, con crédito público recuperable a largo plazo con los impuestos que honestamente deben pagar los empresarios y profesionales formados por el sistema educativo nacional, privado y público. Hoy por hoy, en el mundo no hay nada eternamente gratis.

15.- Contra los altos ingresos que se fijan los otorongos y dinosaurios de la política, agudizando las abismales diferencias de la sociedad, crear las cámaras de diputados y senadores Regionales, Provinciales y Distritales con poder para debatir y aprobar las medidas discutidas pública y transparentemente, acordadas con el Pueblo en cabildo abierto, como la escala de ingresos de sus gobernantes, transparentes e indispensables para vivir decorosamente, estímulos y compensaciones a los autores de proyectos de bajo costo y alto beneficio, de rentabilidad comprobada para la Nación, particularmente a favor de los más pobres.

16.- Contra la excesiva dispersión y duplicidad antieconómica de los servicios del Estado, vía sistematización y complementación de los capitales ociosos del Estado, articular con sus similares del Sector Privado, a fin de homogenizar las oportunidades de Nutrición, Educación y Salud para todos los peruanos. Son inconcebible hospitales militarares que funcionan a media máquina con médicos bien pagados mientras el Pueblo no tiene donde atenderse. La libertad y la democracia no pueden servir solamente para el crecimiento incontenible de sofisticadas superclínicas sin ninguna sensibilidad ni responsabilidad social por los más necesitados del Perú.

17.- Es una cachetada a la extrema pobreza el amontonamiento de vehículos motorizados de uso militar y civil obsoletos que le costaron miles de millones de soles a la Nación, cuando con ellos debería desarrollarse la industria motorizada militar y civil que transforme en útiles bienes de capital y transporte, como los tanques oruga en tractores para la agricultura y construcción de carreteras de penetración hacia las zonas infestadas por el narcoterrorismo y los conflictos, los navíos y aviones en naves mercantes, los vehículos de los ministerios repotenciados como medios de transporte rural. En lugar de chofer, vehículo, combustible, lubricante y mantenimiento para los generales, ministros, vocales y congresistas, mejor contratar taxis con factura para cuando tengan que cumplir un servicio al Pueblo.

18.- Las universidades públicas de los departamentos y provincias con lenguas nativas, deben crear Facultades de Investigación, Traducción e Interpretación de idiomas para mejor entender la problemática de sus poblaciones, con proyección a los idiomas de los países más desarrollados del planeta. Fondos editoriales para investigar, escribir, editar y publicar temas de la realidad y necesidades de los nativos.

19.- Consecuencia de causas histórico-estructurales, geo-económicas y sociales como el olvido, marginación, postergación, analfabetismo, ignorancia y falta de oportunidades que debe combatir la sociedad, la extrema pobreza ha sido el caldo de cultivo de la violencia, el terrorismo y ahora el narco-terrorismo, las movilizaciones y protestas multitudinarias que requieren una ofensiva total y oportuna del Estado, entendida como propuestas planificadas de soluciónes multisectoriales que incluyan a los sectores público y privado, antes de llegar a situaciones extremas de sangre y violencia, de muertos y heridos.

20.- Se justifica la obligatoriedad de los tributos e impuestos de los profesionales, de las empresas y consumidores, solo si transparentemente se destina a la gratuidad y obligatoriedad de la educación, para el trabajo-estudio vocacional desde el nivel primario, secundario, técnico y universitario. Remedio contra la extrema pobreza: Trabajar de día y estudiar de noche o viceversa. Los contribuyentes tenemos derecho a saber en qué se invierten los impuestos que generan nuestro consumo diario y nuestras actividades profesionales y empresariales.

21.- Contra el analfabetismo, otra de las causas y efectos de la pobreza extrema, crear la Facultad de Alfabetización Trilingue en las universidades públicas de las provincias que registren los mayores índices de este problema socioeconómico y cultural. Si en la urbe la alimentación incluye, desayuno, cofe break, almuerzo, lunch y cena; la energía insumida por el trabajo intelectual y físico rural, que va por lo menos desde el amanecer hasta el anocheser, debe restaurarse por lo menos con un buen desayuno-almuerzo y cena.

22.- Erradicar la pobreza extrema, consistente según el Banco Mundial en vivir con menos de US$2 diarios, estableciendo el Seguro Temporal contra el desempleo, previo estudio socio-económico de cada indigente, minusválido, desempleado, analfabeto, niño abandonado y desnutrido, a condiciòn de ingresar a un proceso educativo de información y capacitaciòn pro autoempleo productivo empresarial formal sostenible con préstamo de interés menos cero, contribuyente que absorva desocupados, subempleados e indigentes de las ciudades.

23.- En el campo, reemplazar gradualmente la entrega en dinero de juntos con capital de trabajo empresarial para la producción, industrialización y comercialización de los recursos acuíferos, energéticos renovables, pesqueros o agrícolas o forestales o floricolas rentables o ganados reproductores de ambos sexos como el cuy, la alpaca, la oveja, o criaderos de ranas, truchas, camarones y aves comercializables, rentables y contribuyentes, con asesoramiento permanente. No solamente enseñar a pescar, sino también a criar. Multiplicar la producción y comercialización legal de otros oros y tesoros de la alimentación: la maca, la Quinua, más aún con motivo del Año Internacional declarado por las Naciones Unidas.

24.- Prèstamo de Capital de Trabajo con interés cero para los profesionales o jóvenes universitarios o colegiales precoces que tengan proyectos empresariales productivos, rentables y contribuyentes contra la extrema pobreza, màs asesorìa tècnica para los demàs peruanos, otorgando primera prioridad a los proyectos de desarrollo rural y de los pueblos jóvenes urbano marginales, optimizando la distribución de la riqueza nacional, compartiendo los privilegios de conocimientos y experiencias.

25.- Los presidentes de los Poderes del Estado, deben liderar caravanas de solidaridad multisectorial a los 2,000 distritos de la Repùblica, comenzando por los distritos rurales màs pobres de los departamentos màs pobres y fronterizos del Perù, analizando, debatiendo, planificando y organizando la soluciòn a la desnutrición materno-infantil y otros problemas del lugar a travès de los cabildos abiertos con desayunos, almuerzos y cenas-diàlogo con los más pobres y nutricionistas, cocineros, ingenieros de industrias alimentarias, autoridades, líderes y exportadores.

26.- Acortar la abismal diferencia entre los peruanos que tienen de todo y les sobra y el otro extremo de peruanos a quienes les falta hasta lo elemental, cuya causa y solución debemos buscar en las raìces històrico-estructurales de nuestra sociedad, mediante la inversiòn en la creación de iguales oportunidades de realización personal y colectiva, que tienda hacia una justa distribución de la riqueza nacional. Igualdad de oportunidades, como hijos de la misma Madre, la Patria, no como entenados.

27.- Previa comprobación del origen lícito de su riqueza, sobre los provincianos de éxito como Cataño que más parece tacaño ostentoso de su fortuna amasada en la frontera, crear el Impuesto de Solidaridad, no limosnas, pro desarrollo empresarial con "uyai" de los extremadamente pobres de su distrito, su provincia o su departamento de origen, introduciendo la expropiación de bienes abandonados a favor de los màs necesitados que prefieren continuar en su comunidad campesina, previa compensación justa por el Estado. Fuerte asesoramiento, apoyo y exoneración de impuestos para los que invierten en proyectos de desarrollo en su tierra natal, hasta hacer "taquiachir la inversión.

28.- A su regreso del extranjero, los chefs-empresarios que viajan en representación del Perù y por cuenta del Estado deben tener la obligación de transmitir y compartir, transferir tecnología de punta, sus conocimientos y experiencias a los cocineros, restaurantes, hoteles, agencias de turismo, universidades, escuelas de cocina y restaurantes de las 200 provincias del interior del Perù, especialmente de la Sierra y Amazonía, con el apoyo del gobiernos nacional y de los gobiernos regionales y municipales, a fin de estandarizar calidades y mejorar procedimientos, como un medio de abosorver la pobreza extrema.

29.- Para los indigentes, mendigos, ancianos, madres y niños "llapichucos" y "chapchos", como el pasado del autor, abandonados en las calles y puentes de las urbes, abrir asilos provinciales como casa de nivelación de oportunidades de subsanación nutricional, alfabetización, educación, reeducaciòn y capacitación para su autoreinsersiòn productiva, rentable y tributaria en la sociedad. No ser una carga para el Estado y menos parásito que se nutre con el esfuerzo de los demás.

30.- Tratamiento integral de la extrema pobreza, con programas de nutrición materno infantil, salud, educación, créditos de interés menos uno para vivienda, producción, industrialización y comercialización empresarial que garanticen un desarrollo familiar autosostenido con RUC, que permita pasar de cero a la izquierda a contribuyente útil.

31.- Contra la extrema pobreza del Perú Profundo, consecuencia de la emigración y olvido de sus hijos más calificados y exitosos, así como del capitalismo ultraliberal que explota salvajemente sus riquezas, crear la Fundación COMPARTIR que canalice el asesoramiento y apoyo del Estado a los proyectos de desarrollo educativo y empresarial en todas las provincias, prioritariamente los más pobres, con jubilados voluntarios.

32.- Como hijo de Madre Analfabeta y Padre Miloficios que sfrieron en carne propia momentos de pobreza extrema que los llevó a crear la sopa de hojas de guindales, convencido de que el analfabetismo es también un lastre de creencias y raíces históricas truncantes de oportunidades de realización, el autor aspira a que el Perú debe postular a alcanzar la condición de cero analfabetismo, por todos los medios de comunicación y docencia, con el apoyo de la profesionalidad nacional e internacional, sin distinción de colores políticos, especialmente el aporte de los jubilados fuente de la experiencia madre de la ciencia.

33.- Contra la desnutrición, analfabetismo y desempleo, principales causas de la pobreza extrema, crear proyectos productivos a largo plazo como la forestación industrial de algarrobo, caoba, cedro, tara, plantaciones de eucaliptos y árboles frutales para defensa riereña, repoblación de camélidos finos como la vicuña e industrialización de sus lanas y carnes, la cochinilla, con asesoramiento y apoyo económico del Estado, la cooperación de la comunidad nacional e internacional. Salvar los pulmones del Planeta con el Fondo Verdede COP20 para Bosques de Frutales, como los Guindales de Huamancaca.

34.- Ser pobre no quiere decir ser sucio o cochino ni delincuente, ni mentiroso. Contra la aparente xenofobia y el justificable malestar de las urbes de Lima, Chile y Estados Unidos ante los migrantes peruanos que dejan llenos de basura y sucios los espacios que les ceden para celebrar nuestras fiestas patrias o realizar sus actividades comerciales, traducir la afirmación del Ministro Brack de Medio Ambiente de que "la Ciudad y el Perú no son Basureros", mejorando la educación ambiental y de higiene desde el hogar, la comunidad y las escuelas de los pueblos jóvenes y del interior del país, identificando y sancionando a los infractores con 24 horas de trabajo de limpieza. Instalando tachos en cada cuadra como en Madrid, mientras se estudia la implantación del "Sistema Alemán" de tratamiento de residuos. Hermanos agricultores, recoger los envases de insecticidas y pesticidas, volver al uso de fertilizantes orgánicos en la agricultura. Servicios Higiénicos supervisados por cada manzana de superpoblación comercial, sobre todo para el invierno y la tercera edad.

35.- Contra el nocivo paternalismo ilimitado que presenta el riesgo de generar parasitosis social, enseñar, incentivar, restablecer, fortalecer y difundir entre los migrantes las tradicionales y solidarias Faenas Comunales de la Comunidad Campesina de Sicaya y la capacitación para la producción empresarial autosostenible en el tiempo para la solución de los problemas de extrema pobreza de la ciudad y el campo, con incentivos del Estado. Prestar especial atención a la prevención descentralizada de la Salud Nutricional y Mental, de la inseguridad, especialmente de los niños, adolescentes y jóvenes, con profesionales de sensibilidad social como el Psiquiatra Jorge Bruce, el Médico Elmer Huerta, Promotor de la Paternidad Responsable que predica el Papa Francisco.

36.- Intercambiar conocimientos, experiencias y avances de sectores, sistemas y ministerios a nivel UNASUR, OEA y NNUU en la erradicación de la extrema pobreza, del analfabetismo y de su principal causa: la desnutrición materno infantil. Del contrabando, la piratería, el narcoterrorismo y otros problemas comunes.

37.- Camiones Militares deben transportar gratuitamente los productos agropecuarios de las comunidades andinas y amazónicas más pobres a las ferias de fines de semana a establecer en las grandes ciudades de la costa. Unidades de transporte de pasajeros del Estado, apoyarán las excursiones y paseos de promoción transversales a las 4 regiones del Perú: Mar, Costa, Sierra y Amazonía.

38.- Vacaciones de Turismo Cultural para Niños y Jóvenes, por la Mar, Costa, Andes y Amazonía, dirigida por maestros jubilados y abuelos, con protección de uniformados, a fin de despertar el interés de replicar y mejorar las actividades de desarrollo productivo, para superar el abandono del Padre y la Madre que tienen que salir a trabajar para completar el presupuesto del hogar, más aún si hay divorcio o separación a causa del irresponsable "choque y fuga" de las polladas o fiestas chicha u so pretexto de incompatibilidad de caracteres.

39.- Desde la Histórica Pampa de Junín, testigo de la celebración del aniversario de la Victoriosa Batalla de 6 de Agosto de 1824, más indio que mestizo nacido en pesebre de Navidad, Año Nuevo y Bajada de Reyes, Pastorcillo del Señor, educado en la porciúncula del Seminario de la Orden de Padres Franciscanos de Santa Rosa de Ocopa, orden a la cual pertenece el Papa, no puede estar contra ninguna iglesia; simplemente llama a todas a reforzar la prédica saliendo también de sus bellos y lujosos palacios y catedrales de la Ciudad, a trabajar también por el rescate espiritual y material de nuestros hermanos más pobres y extraviados de las comunidades rurales de los mares, desiertos, andes y amazonas, a predicar la verdad para los más postergados. A las cárceles y hospitales, a los huérfanos y pobres extremos, a los desocupados y damnificados, a los huecos de los cerros y callejones, de Ticlio Chico y Pachacutec, en los cuales deberían abrirse, como en Puerto Maldonado, avenidas con alamedas centrales, pistas de boble vía y sentido, ciclovías y veredas para la gente de a pié, algo mejor que Villa Salvador que alguna vez serán mejor que La Molina, donde no hay calzada para los proletarios.

40.- Con la experiencia de haberlo vivido frente a frente, el autor aprendió a vencer la guerra contra el hambre, la pobreza, algunas veces extrema y el desempleo desde niño, trabajando como waca- uwish- arsño- cuchi-wallpa-acarsh michi, panadero infantil de la esquina, cuyo vendaje permitía el pan del día para su waccha Familia minifundista, micro agropecuaria, cocinera y comerciante, sin ofocio ni beneficio alguno del Estado. Por lo tanto, considera recomendable desarrollar el espíritu de trabajo de los peruanos desde niño (a), bajo el manto protector de la Familia, no abandonado a su suerte y menos manipulado por explotadores y traficantes. Son los deseos del niño campesino que creció entre los coses y astados de las ferias sabatinas de Chupaca, llevado por su padre "Walanchador" microcomerciante arriando sus ganaditos por los caminos de herradura que cruzan las barrosas y polvorientas pampas de Pirataco.

41.- Son privilegios en el Perú: ser hijo de una mujer y un hombre que se amaron hasta la muerte, haber sido concebido planificadamente, amamantado y alimentado nutritivamente, haberse hecho profesional pisando un jardín de infancia, la primaria, secundaria y universidad, todos gratuitos, para tener un trabajo empresarial o dependiente bien remunerado que le permita sostener una familia con hijos realizados, con Ley 20530 o AFP para la tercera juventud. Solamente la mezquindad y egoísmo podrían llevar al autor- que accedió y se mantiene en la clase media, entre A y C- a la inhumana y dolorosa negación de las mismas oportunidades a los otros peruanos(as), o ser los primeros evasores de impuestos.

Equipo Asesor: Recomendaría trabajar el tema con la experiencia de la International New Town Association que en la integración de la Ciudad Intermedia Chanca de Andahuaylas, familias y poblaciones rurales dispersas de Apurimac. También con las Iglesias, ex –alcaldes distritales y provinciales, ex –presidentes y consejeros regionales, rectores, decanos y profesores de las universidades públicas, colegios profesionales, especialmente de los sectores salud y educación, voluntarios calificados de la comunidad nacional e internacional(UNICEF, OIT, PNUD, ILANUD), Sierra Productiva, Sierra Exportadora, las cocinas y letrinas mejoradas por Pilar Nores, el Padre Arana, el Diputado Defensor de los jubilados cabecitas blancas tirados en el suelo, cientistas sociales y voluntarios de centro, izquierda y derecha, de arriba y de abajo.

2. DIAGNOSTICAR PRONOSTICAR IDENTIFICAR LOCALIZAR INVESTIGAR ANALISAR CRITICAR DEBATIR PUBLICAMENTE EDUCAR PLANIFICAR PREVENIR Y SOLUCIONAR SISTEMATICAMENTE LA DESNUTRICION MATERNO INFANTIL E INSALUBRIDAD

SINTOMAS. En las aulas niñocunaca "Puñuilla Puñucun", en el trabajo "Sudailla Sudacun". Deserción Escolar y Disminuída Fuerza de Voluntad, de neuronas escasas, sobre todo en las familias numerosas y extremadamente pobres, carentes de un mínimo de educación y paternidad responsable.

PROPUESTAS

1.- Como sostuvo el Chef Gastón Acurio en ocasión de haber sido condecorado a fines del 2008 en Chile: Es inconcebible que el Perú viva la contradicción de registrar una de las más altas tasas de desnutrición materno infantil, teniendo una de las mejores gastronomías del mundo. El Perú merece un futuro diferente, un futuro mejor. Más que hospitales requiere Prevenir antes que Lamentar, también reconocer a los pobres extremos el derecho a una alimentación balanceada, esa debe ser la norma, si mañana queremos seguir viviendo sin el pesado cargo de conciencia.

2.- La verdad es que en el Perú del Siglo XXI tenemos que hacer algo para cambiar la escena en que los perros de los ricos están mejor alimentados, cuidados en clínicas exclusivas y transportados en automóviles de lujo cuyos indiferentes pilotos además arrojan irresponsablemente a la vía pública la cáscara de plátanos o las botellas y servilletas descartables, contaminando el medio ambiente, mientras todavía hay indigentes que buscan alimentos en la basura o mendigan en los restaurantes, situación que se evitaria con las casas de igualdad de oportunidades nutricionales que se deben abrir en todas la provincias

3.- Lo primero que reclama tan vergonzante realidad, es inculcar desde el hogar, la escuela y el entorno de la comunidad en que vivimos una nueva cultura, nueva educación, crear Universidades de Nutrición e Industrias Alimentarias, para complementarse con los talentos de las escuelas de chefs, los centros de investigación, las facultades de cocina de las universidades para el tratamiento científico y provisión de la alimentación balanceada, particularmente en los departamentos más pobres del Perú..

4.- Encargar al Instituto de Nutrición, APEGA, Colegios y Faultades de Nutrición de las Universidades, Ingeniería de Industrias Alimentarias, Medicina y Cocina, al Magisterio, la mejora en la calidad nutricional de las dietas alimenticias del poblador andino, amazónico y afroperuano especialmente de los departamentos más pobres del Perú y poblaciones urbano marginales, mediante el uso intensivo del charqui de camélido, vacuno y pescado o "Bacalao Peruano" de los mares en la gastronomía tan biodiversa del Perú.

5.- Contra las consecuencias irreversibles de la desnutrición materno infantil, que afecta el rendimiento en el estudio y el trabajo físico indispensable para una digna promoción económica, social y cultural de todos los peruanos, perfeccionar los sistemas de alimentación, salud y educación pública dirigiéndolos a formar personas aptas para la producción intelectual y manual profesional, básico para que labre su propio desarrollo desde el momento de la concepción responsable y consciente del ser humano, no en la ebriedad de las polladas y la borrachera de las fiestas chicha, en cuyas noches se engendran los hijos de padres desconocidos que a veces terminan en los tachos.

6. Con la participación de las universidades y colegios profesionales, transformar los inmensos parques y jardines de las ciudades "Pulmones de la Ciudad" en jardines botánicos o parques-huertos, aumentando la despensa de frutales alimenticios como el higo, la pecana, el olivo y otros árboles alcanzables y cuidables por los pobres extremos, hierbas medicinales y aromàticas o bosques de àrboles de maderabilidad industrial, rentable y exportable, en lugar de los frondosos àrboles meramente ornamentales a veces depredados irracionalmente por obreros municipales sin la mínima noción de fruticultura y forestación.

7.- En las provincias con màs altas tasas de desnutrición materno-infantil, abrir universidades o facultades o escuelas de biología, nutrición, cocina e ingenierìa químico-industrial o ingeniería de industrias alimentarias que junto con el magisterio eleven la cultura de nutrición y alimentación balanceada de los pueblos, siguiendo quizá el modelo de Concurso Feria Escolar de Comidas Sabrosas y Nutritivas realizadas por CERES en Apurimac y Huancavelica, con el apoyo de Le Cordon Bleu, APEGA, las autoridades municipales y el Banco Mundial, buscando inventariar, desarrollar y publicar la preparación de 365 recetas preparables por los padres.

8.- Por sus conocimientos, experiencias y vivencias, Jesús propone un gobierno con visión empresarial, especialmente en las siguientes áreas temáticas que conoce: 1. Nutrición Materno Infantil. 2.- Educación para la producción intelectual y manual. 3.- Electrificación con uso múltiple del recurso hídrico. 4.- Industrialización de los productos artesanales. 5.- Exportación de lo que otros países demandan o no tienen. 6.- Franquiciado.

9.- Por cuestión de igualdad y justicia, los peruanos de las provincias más pobres del Perú, tienen derecho a una dieta alimenticia nutritiva y sabrosa diaria igual que sus gobernantes de la Capital, a base de quinua, garbanzo, pescado seco, carnes de camélidos, cuy, palomas y pichincuchas, que debe ser difundida por TVPERU y Radio Nacional para conseguir el mejor efecto de demostración posible en la niñez, "darle el caramelo" de Andrés Romero de NY.

10.- Cambiar los hábitos de consumo de la Capital, acercando a la identidad, realidad y necesidad nacional, por ejemplo desdoblando la excesiva carga alimenticia de la tradicionales cenas de navidad y año nuevo consistente en champagne, pavo relleno al horno, chocolate y panetón con mantequilla, en porciones racionales y suficientes para desayuno, almuerzo y cena del 24, 25, inclusive 26 de Diciembre. No hacerlo, seguirá siendo una franca afrenta de los hambrientos, un despilfarro ofensivo contra la escasés de los departamentos más pobres del Perú, donde posiblemente no pasa de la tortilla y su aguita de cedrón, como en la infancia del autor, allá por la década del 40.

11.- Beneficencias, PRONAA, JUNTOS, VASO DE LECHE, INABIF, orfelinatos, asilos y demás instituciones benéficas, deben centrar su atención en la protección y promoción de la relación   Mujer-Niño-Madre-Hogar-Escuela-Comunidad-Ancianidad, comprometiendo a los migrantes de éxito a compartir sus privilegios con los pueblos de donde surgieron por lo menos con porciúnculas de navidad para los niños pobres, donaciones ejemplares en el Día de la Madre, del Padre, del

Maestro, del Día del Campesino, Fiestas Patrias y Patronales, Navidad y Año Nuevo. Como las multitudinarias de la Virgen Candelaria y Señor de los Milagros, y mejor si se lava también las fortunas en las residencias de Don Javier, los premios Forbes, los corredores de las bolsas de New York y expresidentes de la República

12.- Todos los estudios de proyectos integrales de agua en la costa, la sierra y amazonía, deben incluir el uso energético, pesquero, florícola, frutícola, agrícola, ganadero, agua potable, desague, tratamiento y uso provechoso de las aguas servidas como en Villa Salvador de Michel Azcueta y residuos sólidos que generen utilidades que generen empleo y permitan financiar el combate contra la desnutrición. Lo contrario será una solución incompleta que simplemente seguirá contaminando los espejos de agua y destruyendo la salud y la vida de los seres vivientes.

13.- A través del efecto de demostración de TVPerú, Radio Nacional y El Peruano que deben llegar a todos los distritos del Perú, abrir para los niños la oportunidad de imitar los desayunos, almuerzos y cenas nutritivas de Palacio de Gobierno, especialmente en los departamentos con mayor tasa de desnutrición materno-infantil. Instalar en los 2,000 distritos por lo menos una pantalla de señal abierta y otra de cable, para que el pueblo acceda en sus horas libres por lo menos a las noticias del Perú y del mundo.

14.- Desde los tambos de Ollanta, extender a las comunidades rurales la experiencia de los hospitales de Solidaridad, concebido para las grandes ciudades urbanas, mediante el establecimiento de Policlínicos Rodantes de Solidaridad que "peinen" sistemática y periódicamente a las poblaciones alejadas, poniendo énfasis en la prevención de la nutrición y salubridad materno infantil .

15. Rematar como chatarra los tractores, vehículos y bienes de capital civiles y militares de transporte marítimo, fluvial, lacustre, aéreo y terrestre que habiendo caído en desuso y abandono ocupan locales inmensos, destinando el producto de la venta a la microindustrialización de alimentos nutritivos y sabrosos para mejorar la nutrición materno infantil en las 200 provincias más pobres del Perú.

Instituciones y Personas que recomendaría integren el Equipo Asesor: UNICEF, Gastón, Dr. MV, APEGA, AHORA, Doctora en Biología Marinès Sanchez, Nutricionistas Shirley Sanabria del Centro de Salud de Lircay 2009, Mariaca, Respicio, quienes ya vienen trabajando el tema. Hna. de Bety Pino, Bellido, Chavez, Ochoa e Ing. De Ind. Alim. Pilar Lopez del Thunderbird Hotel de Miraflores, Señora Frida Delgado Parker de Navarro, Profesora Gladys Arce del exPRONAA Huancavelica, Chaleco Ortega Jr., Melchor Gutarra, Nestor Sihuay y Juan Cangalaya, Ingenieros Miryam Aliaga, Katherine Silva, Jesús Pascual, Max Risco, Tovar y Henry Meza, Mendoza de Apurimac y Escobedo de Puno, exdirectores de planificación de los sectores pesquero, ganadero, agrícola, forestal y profesionales voluntarios comprometidos con especial sensibilidad social que no le corran a la paga mínima del Estado.

3. DIAGNOSTICAR PRONOSTICAR IDENTIFICAR CUANTIFICAR ANALISAR DEBATIR PUBLICAMENTE INVESTIGAR EDUCAR CAPACITAR PERMANENTEMENTE PLANIFICAR INNOVAR SISTEMATIZAR LA ERRADICACION Y PREVENCION DEL ANALFABETISMO Y MEJORAR LA CALIDAD DE LA EDUCACION PUBLICA

SINTOMAS: Antes la calidad de la educación del interior del paìs era superior a la de la Capital. Habían mejores profesores, mayor apoyo y preocupación de los Padres y Abuelos de Familia. Aunque sea con vela o lámpara, se estudiaba prácticamente mañana, tarde y noche, ayudando antes y después a los padres en trabajos de producción rural. Había mayor correlación entre la teoría de aula y la práctica de campo. Mayor enseñanza de actividades productivas manuales e influencia de los valores cristianos, cívicos y patrióticos. La mayoría de los maestros inspiraban respeto. Eran forjadores del principal recurso con el que cuenta un país para su desarrollo: el Capital Humano.

Como quisiera pintar al gordo glotón reclinado en su auto último modelo devorando un sanguchón de pavo y una cerveza, viendo pasar al pobre desempleado, sufriendo silenciosamente su hambre. Hay Crisis de Valores, causa de muchos males de nuestra sociedad, porque hay subdesarrollo en la educación. Se dice que los profesores están mal pagados, sin embargo tienen varias propiedades, hay poca vocación y compromiso profesional. El perfeccionamiento ocupacional, no marcha al mismo ritmo de la globalización y competitividad de nuestros tiempos, alcanzando la educación pública en general resultados menos satisfactorios que la privada, en todos los campos y niveles. La prueba pisa, la OCDE, nos dejan lejos. Cómo pensar en recuperar los siglos de atrazo en revolución industrial si nuestros maestros, sin título a veces, ni siquiera han tenido una buena secundaria o no han actualizado siquiera sus conocimientos aprendidos hace 3 años, si no tenemos wasap ni el dinero para comprarlo, ni la noción para manejarlo?.

PROPUESTAS:

1.- Perfeccionar la gratuidad de las escuelas militares y policiales, conscientes de la importancia de la educación y cultura en el desarrollo de los países, comprando uniformes y carpetas de las microempresas, combatir la deserción por causa del sueño, la debilidad de la pobreza extrema, la pobreza y desnutrición, abriendo el Estado para todo peruano un crédito a largo plazo de interés cero para que pueda estudiar y trabajar mañana tarde y noche hasta donde pueda rendir su cuerpo, su capacidad y espíritu de superación, hasta hacerse un profesional o trabajador calificado que produzca empresarialmente para devolver también a largo plazo el préstamo de modo que el Estado pueda seguir invirtiendo en la educación de las generaciones siguientes, en todos los niveles y campos teóricos y prácticos, con un plato de la nutritiva porciúncula o dieta de carnes secas y quinua o garbanzo u otra equivalente a mitad de jornada, además del desayuno de leche animal o vegetal, a condición de ser los primeros en pagar sus impuestos al momento de su realización profesional o empresarial.

2.- Sistema Educativo y Cultural, con profesores virtuales o presenciales mejor calificados y remunerados, capaces de formar equipos de profesionales peruanos emprendedores o trabajadores calificados para la realización temprana de actividades empresariales autosostenibles de producción manual e intelectual, para el mercado nacional e internacional, rescatando la tradicional educación teórica de aula, combinada con las prácticas en la fábrica, en el taller y en el campo de la producción pesquera, agrícola, ganadera, forestal, florícola, minera, petrolera, industrial, artesanal, turístico, gastronómico, etc.

3.- Permanente evaluación de profesores similar a la carrera militar. Práctica intensiva de los niños y jóvenes en disciplinas deportivas olímpicas, con profesores a la cabeza. No aceptar centros educativos particulares sin suficientes espacios para la práctica del deporte que ayude a disminuir la obesidad prematura y sus secuelas. No olvidar que Mente Sana en Cuerpo Sano. A quien madruga Dios ayuda. Si las palabras convencen, los ejemplos arrastra.

4.- Contra el exceso de doctores y generales que saturan el mercado laboral de puro títulos, formar los técnicos y profesionales que requiere el crecimiento y desarrollo con inclusión social del país, construir la Riqueza Inmaterial de la Nación, sobre la base de los valores morales, principios éticos ancestrales, labores de cooperación y solidaridad comunal puestas a prueba en las guerras ganadas en la Historia Patria, desde el hogar, la iglesia y la escuela, con apoyo de los medios de comunicación social, con énfasis en la estimulación de las habilidades vocacionales del niño y el joven como la peluquería, podología, cocinería, albañilería, gasfitería, electricidad, panadería, zapatería, carpintería, escultura, artesanía, joyería, textilería, costura, pedicuría, etc. que desde temprana edad le permita afrontar el día a día de la vida, camino de la industrialización nacional.

5.- Contra los efectos nocivos de la corrupción, la alienación, el individualismo indiferente y mezquino, la evasión tributaria, la informalidad, la vida fácil, ley del menor esfuerzo y pobreza de valores de las nuevas generaciones, contra la crisis de valores de la sociedad, convocar a todas las iglesias para ingresar a las aulas a cooperar en el fortalecimiento moral y ético de la Nación desde la escuela de los niños, como parte de la nueva cultura y educación que requiere el país, reforzada por la educación deportiva, cívico-militar-policial para prevenir la seguridad individual y colectiva, especialmente contra la delincuencia y el terror. Todos tenemos que aprender a no hacer a nadie lo que no nos gustaría que nos hagan a nosotros.

6.- Contra el desánimo, el pesimismo, fatalismo y la mentalidad derrotista y de fracaso, contra la baja autoestima y el voluntarismo ingenuo de nuestros jóvenes inexpertos "Héroes Inocentes" que vienen pagando caro su desempleo sacrificados como "carne de cañón del narcoterrorismo" que sigue desangrando al país con modernas armas de traficantes, sicarios y mercenarios, de una vez por todas, erradicar todas las taras contrarias a la mentalidad optimista y ganadora que debemos inculcar a las nuevas generaciones, desde la escuela hasta la profesionalización de todos los servicios públicos, comenzando por la seguridad, el servicio militar, el transporte de pasajeros, la gasfitería, albañilería, fotografía, cinematografía, electrónica, tecnologías de punta, innovaciones, inventos y ferias generadoras de contribuyentes nuevos.

7.- Contra el facilismo de las personas naturales y jurídicas de sólo exigir la satisfacción de sus intereses personales , investigar, escribir, editar y publicar en los idiomas Aymara, Quechua y Español el Código de Autoridad Moral para exigir el cumplimiento de los deberes del Estado y su Gobierno Elegido por la Mayoría de Peruanos, para exigir el respeto de sus derechos y obligaciones morales y legales; en el cual se establezca una cultura más educativa y dialogante que represiva de las autoridades tributarias, aduaneras, policiales, municipales y judiciales. Enseñando la SUNAT la formulación de facturas, la regla de 3 para la rápida obtención del IGV en lugar de castigar desde el escritorio por los errores, digamos mejor una tabla simplificada de impuestos.

8.- Desde niño, enseñar al peruano que cada cosa tiene su lugar (tacho para los residuos), su tiempo (maduréz para la maternidad) su forma (democrática y libre), su límite (nuestro derecho termina allí donde empieza el de los otros). Todo centro educativo debe contar no solo con aulas, carpetas y patio de honor para formar, sino también con laboratorios y campos deportivos para aprender y elegir las disciplinas deportivas con futuro nacional e internacional, cultivando la fortaleza física y mental del joven peruano, aconsejando aprovechar el tiempo libre para luchar por la vida cada vez más competitiva, "Mente Sana en Cuerpo Sano". A las Olimpiadas de Rio, deben ir los y las adolescentes seleccionados en olimpiadas desde los 2000 distritos, luego las 200 provincias, 25 departamentos. No solamente de las argollas de Lima.

9.- Contra la autoesclavización y flagelación de los peruanos, revisar, actualizar y superar las letras pesimistas del Himno Nacional con mensajes más motivantes, esperanzadores y de liderazgo internacional. Contra la baja autoestima y el estigma derrotista de la historia, celebrar, filmar y difundir cinematográficamente las batallas victoriosas de las guerras como Tarapacá, Pucará, Marcavalle, Concepción, Sierralumi, exhibiendo trofeos como la hundida Covadonga, para contrarrestar la traumatizante captura del Huascar y sepultar los aspectos nefastos del pasado, buscar la mejor forma de potenciar UNASUR, superar la desconfianza, retirar pacíficamente las piedras que impiden andar con Chile juntos el mismo camino, seguir la ruta de inversiones iniciada por la gastronomía peruana, en lugar de envidiar y rechazar, preparémonos mejor para aprovechar las ventajas de la globalización y competitividad participativa que exige nuestros tiempos. No culpemos al extraño de nuestros males, más autocrítica. Seamos nosotros mismos artífices de nuestra grandeza o culpables de nuestros fracasos.

10.- Contra la proliferación y el lucro desmedido de las academias preuniversitarias que denuncian la baja calidad de la secundaria y debilitan la dedicación de los profesores con perjuicio de los alumnos, crear más institutos tecnológicos y universidades públicas modernas en los amplios locales de las grandes unidades escolares con capacidad ociosa como Pedro A. Labarthe, con ingreso gratuito, automático, directo y libre, bajo el padrinazgo de los institutos, universidades y empresas privadas exitosas del Perú y el Mundo.

11. Girar la educación y la cultura hacia los más pobres también, enseñándoles a criar, pescar y vender pescados, ganados, árboles frutaes y maderables productos de su esfuerzo manual e intelectual, a transformar industrialmente y comercializar empresarialmente en el mercado nacional e internacional, con ayuda de la tecnología de punta y del Estado, pensando en el éxito para tributar.

12.- A través de las iglesias y centros educativos, entregar a los niños la Biblia, el Catecismo, la Constitución, el Código Civil, el Código Penal, las leyes del país, los reglamentos y manuales de organización de los ministerios, regiones y municipios, leyes de presupuestos anuales de la República, la Declaración Universal de los Derechos Humanos, para conocerlos, practicarlos, criticarlos y mejorarlos. Despertar desde niño el espíritu de análisis y crítica constructiva, así como la formación de sólidos conceptos de puntualidad, peruanidad, transparencia y responsabilidad ciudadana.

12.- Crear un Sistema Educativo capaz de erradicar el analfabetismo y generar los gerentes, directores, profesionales y trabajadores calificados para crear sus propias unidades económicas de producción empresarial de bienes y servicios competitivos de calidad certificada, rentables, industrializables, contribuyentes, exportables y franquiciables en el mercado nacional e internacional, que permitan la realización individual y colectiva de los peruanos.

13.- Contra el subdesarrollo, con los centros educativos, institutos, universidades públicas, colegios profesionales y empresas del Perú, realizar las investigaciones de innovación científica y tecnológica necesarias para impulsar sostener el desarrollo industrial sostenido, creando ferias de inventos para despertar el interés del Estado y del Sector Privado, para vender los proyectos factibles, viables y rentables.

14.- Como deportista andino y rebelde, Jesús solicitará la inclusión de los deportes ancestrales como La Raya, La Chueca y El Sapo en las olimpiadas del Mundo, iniciando la búsqueda de campeones en todas las lìneas deportivas, desde los distritos, pasando por los niveles provincial y departamental, hasta llegar los mejores al nivel nacional e internacional, acentuando la participación cuatrienal del Perú en el mundial de futbol y las Olimpiadas. Todos los institutos y universidades deben crear las Facultades de Bellas Artes (canto, composición, música, baile, folklore, pintura, escultura, etc) y Deportes.

15.- Crear Fondos Editoriales en cada provincia, para apoyar la vocación o afición de investigar y publicar ensayos de las experiencias positivas de los cuasi centenarios jubilados Padres de "La Experiencia Madre de la Ciencia", sobre alternativas de solución a los problemas distritales, provinciales, regionales y nacionales, especialmente en el campo de la ciencia, el arte, la cultura, el turismo, gastronomía, nutrición y cinematografía para la exportación.

16.- Multiplicar a nivel de todas las provincias, las experiencias exitosas de FE Y ALEGRIA, SENATI, TECSUP, CENSICO, Escuela de Cocina Pachacutec, CENFOTUR y Clínica San Juan de Dios, según las necesidades del mercado de trabajo privado y público, vocación empresarial de los jóvenes con espíritu de superación que desean trabajar de día y estudiar de noche o viceversa.

17.- Estructurar un Sistema Nacional de Educaciòn Pública que iniciándose en los wawa wasis o cunamás, nidos y jardines de infancia, continùe con los internados de primaria de mañana, tarde y noche a cargo de las organizaciones religiosas y educativas; y termine con una secundaria de educación y capacitaciòn tècnica para la vida y el trabajo productivo empresarial con el que los adolescentes y jóvenes peruanos ganen la oportunidad de autofinanciar sus estudios en los institutos tecnológicos y universidades públicas, trabajando de dìa y estudiando de noche o viceversa, para dejar la condición parasitaria, tributando también para el éxito de los demás.

18.- No suprimir, sino compartir el privilegio de estudiar en colegios y universidades privadas, permitiendo el acceso de los estratos sociales C, D y E al 25% de sus vacantes, como ya lo hacen algunos colegios prestigiosos de la Capital: Alexander Von Humboldt y Markhan, que también abren sus puertas al Pueblo de menor solvencia económica. ¿Y nuestra niñez desnutrida, alcanzarán ese cupo?.

19.- Contra el subdesarrollo deportivo y artístico, sea Privado o Público, todo centro educativo debe contar con escenarios para las diversas expresiones artísticas y canchas para las diferentes disciplinas deportivas, debiendo hacer realidad la verdad innegable de "mente sana en cuerpo sano" desde el nivel de educación básica bajo la dirección de profesionales y valores nacionales. Los gimnasios de lujo también deben incorporar la música peruana que fortalezca no solamente los músculos sino también la identidad nacional. Llamar a los oficiales de la Fuerza Armada y Policial para Educación Cívica, Patriòtica, Respetuosa y Disciplinada.

20.- Pedir a las iglesias, colegios profesionales, gremios empresariales, institutos, universidades, sistemas de Seguridad (Fuerza Armada y Policial), Justicia, Educación y Readaptación Social y ONGs, la transformación de los presos en empresarios productivos con RUC, conectados individual o corporativamente a las cadenas formales de comercio nacional e internacional, inaugurando en el Perú la nueva época de EDUCACION EMPRESARIAL PARA TODOS, algo mejor que educación tarea de todos.

21.- Contra los atisvos de violencia y narcoterrorismo, de pandillas y barras bravas, deportizar, militarizar y disciplinar los niveles y campos de educación en los mapas donde haya riesgo de indisciplina acentuada. Aumentar las oportunidades de realización personal del peruano, creando institutos y universidades públicas en las principales GUE de las provincias para ponerlas más al alcance del Pueblo. con los gremios empresariales, colegios profesionales de antropólogos, sociólogos, psicólogos y otros, alentando e impulsando las ASOCIACIONES DE EX ALUMNOS EXITOSOS de las escuelas, colegios y universidades, a fin de investigar y prevenir las causas del incremento de los problemas sociales del Perú

22.- Contra el analfabetismo, en lugar de buscar culpables, comprometer el apoyo de los españoles, linguistas y políglotas, la CAN, CIDH, OEA, ONU, las iglesias, Fuerza Armada y Policial, sistemas de nutrición, salud y educación, las facultades de historia, antropología y sociología, para investigar y entender científicamente las causas y proponer las soluciones más adecuadas.

23.- Levantar la autoestima de los cabecitas blancas, pensionistas civiles y militares subempleados y olvidados, poseedores de la EXPERIENCIA MADRE DE LA CIENCIA, convocándolos como auxiliares de la educación, fiscalizadores de la función pública, seguridad ciudadana y ambiental por cuadra, a cambio de una bonificación por horas que mejore su situación económica y calidad de vida, siquiera sus últimos años de vida

24.- Así como las universidades particulares, despensa de los profesionales que demandan las grandes empresas, la riqueza moral e histórica de las universidades públicas deben también responder a las necesidades de creación, producción, transformación, comercialización nacional e internacional de las microempresas que tributen al tesoro, así como de la administración eficiente del Estado, acorde con los avances de la ciencia y la tecnología, de la globalización y competitividad.

25.- Si consideramos prioritaria e importante la educación para el desarrollo, ellas deben reflejarse en la desagregación de la enorme responsabilidad de planificar y administrar la inversión pública, con por lo menos sistemas de educación de acuerdo a los niveles siguientes, financiables con los impuestos o donaciones que pagamos los peruanos desde el momento del ejercicio profesional o empresarial:

-   INICIAL de 1 a 5 años de edad : Sociabilización, información de valores, conductas, hábitos y conocimientos de vida elementales. Estimulación de habilidades innatas, espíritu de superación y cooperación. Atisbo de vocación.

-   BASICO de 6 a 10 años: que permita observar el don y la orientación vocacional hacia alguna ocupación o profesión que permita la realización personal del alumno. Enseñanza del respeto a las tradiciones y costumbres positivas, los valores y símbolos de desarrollo.

- AVANZADO de 11 a 15 años: Formación teórica y práctica del genio y nobleza del adolescente para iniciarse en la actividad productiva empresarial de día y estudiantil nocturna o viceversa, aprendiendo a ganarse el pan del día honradamente, con el sudor de su frente y quemándose las pestañas.

- BACHILLERATO de 16 a 20 años: Con algunos centavos en el bolsillo, dar la oportunidad para que la mente fresca del joven profundice estudios sobre la ocupación o profesión elegida vocacionalmente por que le ofrece la oportunidad de la vida profesional, empresarial, tributando para las generaciones siguientes, amortizando el crédito a largo plazo que le otorgó la Nación.

- TITULACION de 21 a 25 años: Investigación de innovación científica o tecnológica de trabajo elegido y sus derivados, elaboración, aplicación experimental y sustentación de tesis o proyecto de inversión para el desarrollo individual o colectivo a cambio del Título Profesional de Licenciado. No más anaqueles de tesis enciclopédicos inaplicables.

26.- Adecuar la currícula y las vacantes de las profesiones de las universidades públicas, civiles y militares, a las necesidades del desarrollo integral del sector privado y público de los distritos, provincias y departamentos según las inferencias del Sistema Nacional de Estadística y los diagnósticos del Sistema de Planificación, haciendo extensivo a los estudiantes los sistemas de vivienda y alimentación de los uniformados; abriendo la posibilidades de reasignación de un sector a otro a petición de parte, sin perjuicio de la carrera unificada del Servidor Público, desapareciendo la diferencia entre hijos y entenados de la Patria.

27.- Ministerios y empresas como textileras y confeccionistas de Gamarra, transporte público y privado, restaurantes y hoteles, deben hacer conocer anualmente a los sistemas educativos nacionales, departamentales, provinciales y distritales, la estadística de la demanda de trabajadores, para inferir sus necesidades y plazas vacantes y preparar el personal calificado

Necesario del aparato productivo, para orientar la oferta de formación, educación, capacitación y actualización de las escuelas, los colegios, institutos, las universidades y centros de investigación del sistema de educación científica, del desarrollo y seguridad del país.

28.- El Sistema Educativo Nacional debe articular al hogar con la comunidad, Iglesia, la Escuela, el Colegio, el Instituto, la Universidad. los colegios profesionales, gremios profesionales, sindicatos, centros de investigación tecnológica y científica para la innovación y el desarrollo, organizaciones afines de la comunidad nacional e internacional.

29.- Como la Universidad George Washington de Estados Unidos, Libertador José de San Martín en Argentina y O·Higgins en Chile, relacionados con la libertad e independencia de los países nombrados, crear en los Andes y la Amazonía. Las universidades públicas y de ingreso directo de Manco Capac, Pachacutec, Tupac Amaru, Micaela Bastidas, María Parado, José de San Martín, Simón Bolivar, Ramón Castilla, Bolognesi, Grau, Cáceres, Quiñonez, Mariátegui, Gonzales Prada, Haya de la Torre, Basadre, Arguedas, Vargas Llosa, Perez de Cuellar, Machu Picchu, que evoquen, enaltezcan y perennicen los valores humanos que construyeron la grandeza de la Nación Peruana.

30.- Si sabemos que la educación es clave para el crecimiento con desarrollo y seguridad, se debe establecer becas de estudio gratuito desde inicial, primaria, secundaria, instituto y universidad pública que compita con la privada, para el trabajo productivo profesional empresarial para los alumnos de todos los niveles educativos a condición de ser también los primeros en pagar sus impuestos y no evadirlos, una vez coronadas sus aspiraciones profesional-empresariales. Entender que nada hay eternamente gratis, que todo se paga en la vida, que a todos los peruanos les corresponde iguales oportunidades, que las cosas no caen del cielo.

31.- En las nuevas generaciones de peruanos mal acostumbrados a esperar o pedir o criticar todo o depender de prevendas paternalistas de gobiernos y regalos momentáneos de candidatos, sin importarles los más necesitados, pedimos maestros, educadores, profesores y padres que despertemos desde el hogar, la escuela, el colegio, el instituto, la universidad y el centro de trabajo, el compromiso de Hacer Patria, con sensibilidad y emoción social, el deber de compartir con los demás lo que se come y se tiene y posibilidad de servir a cambio de nada. Reemplazar el primero yo, segundo yo y tercero yo, por el nosotros.

32.- Contra el centralismo, crear las facultades de Nutrición, Institutriz, Pediatría, Geriatría, Administración Pública en los institutos y universidades provinciales, para mejorar la nutrición materno infantil, así como el cuidado de los niños y ancianos, en los nidos, wa wa wasis, niñeras, nidos, jardines, albergues y casas de reposo, especialmente en las poblaciones rurales y más pobres de las urbes, promoviendo la producción intelectual de los ancianos centenarios cuyas lecciones aprendidas publicadas podrían servir a la posteridad, no desperdiciemos las valiosas enseñanzas de sus experiencias de vida. Sirven a las grandes mayorías nacionales las publicaciones de los fondos editoriales del Congreso de la República, Biblioteca Nacional, BCR, PETROPERU y otros financiados por el Estado, que es del Pueblo?.

33.- Si todo el mundo reconoce la importancia de la educación para el desarrollo, más que un abultado ministerio de educación, así como la universidad, mejor sería dividir la administración del problema tan complejo en sistemas de educación inicial desde 0 a 5 años, a cargo de un Consejo Educativo, similar al de Rectores, otro de 6 a 10 años para la Primaria, de 11 a 15 años para la secundaria diurna y nocturna, totalmente becados con alimentos nutritivos (desayuno y almuerzo preparado por cocineros, nutricionistas e ingenieros de industrias alimentarias profesionales); de 16 a 20 años, trabajo y estudio a nivel instituto; de 21 a 25 años, nivel universitario para estudiar, trabajar, graduándose de empresario o trabajador profesional para producir y tributar con emoción social.

34.- Para acelerar la salida del hoyo profundo, para intentar alcanzar a los países superdesarrollados, desarrollados y emergentes, restablecer en todos los niveles de gobierno el Sistema de Planificación o Futurología, que ha estado, está y debe estar presente en todas las empresas exitosas del mundo, públicas o privadas, satanizadas y suprimidas sólo por las mezquindades políticas del Perú, como antes de establecer relaciones con la China y Rusia, reconocidos y necesarios ahora para el desarrollo y seguridad nacional.

35.- Para la medición y solución de los graves problemas nacionales como las consecuencias de la desnutrición de la primera infancia en el rendimiento educativo, y quizás en la conducta antisocial también, llamar a empresas o instituciones de investigaión científica serias tipo CEREBHRUM de Luís Fernando Ramirez y Pablo de la Flor, casos excepcionales en los cuales se justifica invertir en el proyecto cueste lo que cueste, ya que la burocracia-de gentes comunes y corrientes colocadas por los gobiernos de turno- no lo ha hecho ni podrá hacerlo.

Sería recomendable trabajar el tema con el siguiente Equipo Asesor: Exministros de Educación, viceministros y directores regionales de educación, Colegio de Educadores Profesionales, Facultades de Educación de las Universidades Públicas, Prof. León Tratamberg, Asociación de Colegios Particulares, Vannia Gutarra Medina, Daniela Raffo y Alvaro Henzer de ong: enseñaperu.com. Ex directores, profesionales y voluntarios calificados de la comunidad nacional e internacional como la UNESCO, medidores de la comprensión lectora y razonamiento matemático, todos liderados por el Ing. Ricardo Briceño, Presidente de la CONFIEP 2010, autora del slogan "Más Educación, Menos Pobreza", experiencia de muchos peruanos exitosos. También al grupo musical Hermanos Yaipén, modelo de éxito familiar empresarial, el Prof. Huaynalaya, el nativo Pizango, el escritor "Che Che" Campos, el Chef Don Pedrito, el Aymara Anduvire, el Padre Arana, el Azote Noriega, Toledo, PPK, Pennano, Bruno Giufra, Nano Guerra y candidatos a la presidencia de la República. Profesor Anderson Gonzales del Programa Señal Verde Ambiental, audición Domingo de Ramo 7 Abril 2012, Radio Cielo y su crítica constructiva al bajísimo nivel tecnológico de la comunicación educativa que ubica al Perú en la cola de los países del mundo; Luís Salazar, directivo de la SIN, voluntarios calificados de la comunidad nacional e internacional.

4. DIAGNOSTICAR PRONOSTICAR IDENTIFICAR LOCALIZAR ANALISAR CRITICAR CUANTIFICAR DEBATIR PUBLICAMENTE INVESTIGAR EDUCAR CAPACITAR PLANIFICAR PREVENIR Y SOLUCIONAR EL DESEMPLEO Y SUBEMPLEO

Síntomas: mendicidad penosa en los puentes y vehículos de transporte público urbano, indigencia en los parques, hambre, resentimiento, depresión, conducta antisocial, conmovedora súplica de limosna infantil con el slogan de "una monedita no me hará rico, ni te hará pobre". Ojo a la corrupción, mafiosa, mentirosa y explotadora del trabajo de los niños.

1.- Contra una de las principales causas de la pobreza, el desempleo, lo ideal sería alcanzar la situación del Pleno Empleo para el Bicentenario de la Independencia Peruana-28 de Julio del 2021, mediante la transformación del sistema nacional de educación, formación y capacitación profesional para el autoempleo productivo empresarial formal sostenible y contribuyente, con capital de trabajo inicial prestado a interés -1 y asesoramiento permanente del Estado hasta hacer "Taquiachir" la empresa. En el Nuevo Perú, no debe haber nada regalado ni gratis. Que todos los que hemos alcanzado el éxito, tenemos la obligación de trabajar por la grandeza de la Nación, alcanzable con jóvenes preparados para impulsar el desarrollo nacional, para cubrir las necesidades de mano de obra calificada del aparato productivo, y no con fábricas universitarias de "cumpas" encapuchados ni profesionales pateadores de latas vacías.

2.- Dentro de una política pluralista y nacionalista de igualdad de oportunidades para todos, crear empleos mediante la desconcentración de los monopolios y oligopolios sectoriales como los alimentos y colchones, a través de la formalización, integración y capacitación de cadenas y corporaciones de producción y comercialización, en microempresas privadas, públicas o mixtas rentables que compitan con la mediana y gran empresa del mercado nacional e internacional. No sólo enseñar a pescar, sino también a criar y contribuir, que no todo cae del cielo ni todo lo hace papá gobierno. Que el Estado se obligue a publicar sus necesidades de compras a las microempresas, para que exista oferta con demanda asegurada.

3.- Salvar de la situación de pobreza extrema a gran parte de la población peruana, por la organización, información, capacitación y transformación de las actividades sacrificadas y perseguidas de los "ambulantes" y "cachineros nocturnos" en trabajadores empresariales formales de la actividad minera, industrial, urbana, ambiental y comercial, que saque a todo peruano de la condición de parásito social a la de abeja tributaria, introduciendo el concepto de agente de seguridad integral bien remunerado por cada cuadra sobre la base de los servidores de Baja Policía, Serenazgo, Jardinero, Panadero, PNP, jubilados aptos, licenciados de la Fuerza Armada y agentes de seguridad privada, para lanzar una contraofensiva total a la delincuencia creciente, cuidando desde la niñez, supliendo la ausencia de los padres, cual nanas, maestras, enfermeras, dietistas, cocineras,,institutrices y asistentas sociales suplentes. Solidaridad Vecinal contra indiferencia y complicidad.

4.- Perfeccionar y desarrollas el programa ATRABAJAR contra el desempleo en el campo y la ciudad. En el campo, con proyectos de largo plazo empresariales de forestación y reforestación (de algarrobos del desierto, árboles maderables y frutales de la sierra, caoba y cedro depredados en la selva), floricultura acuática en las aguas contaminadas, no todo está perdido. En la ciudad, transformar el desempleo en unidades económicas de seguridad o producción permanente como el recojo, clasificación y reciclaje de basura, recordando a los "Tucuy Ricuy" y el sistema de organización decimal del Imperio Inka del Tawantinsuyo..

5.-   Contra el ocio, la tugurizaciòn, indisciplina, juventud antisocial y promiscuidad de las càrceles, convocar a educadores, jubilados y voluntarios, uniformados y civiles, para constituir consultorías multidisciplinarias capaces de sacar de la parasitosis social, recuperar y calificar a los internos con teorías y pràcticas en la actividad productiva y comercial microempresarial contribuyente, autosostenida y compatible con sus habilidades innatas y adquiridas que les permita ayudar a sus hogares y enfrentar exitosamente el rechazo y su reincorporaciòn a la sociedad, con el apoyo de la Fuerza Armada, las universidades, iglesias, los colegios profesionales, organismos de cooperación nacional e internacional. No más "Gringashos".

6.- Contra el desempleo y la pobreza extrema, reforzar los centros tecnològicos de Formaciòn Ocupacional Empresarial de la Fuerza Armada, paralelo a la formación técnica y profesional de los institutos y universidades, públicas y privadas. A ese fin orientar la vocación de austeridad y ahorro de las instituciones de la Tercera Edad, cuyos ahorritos disciplinados y austeridad bien podrían dar lugar al Banco de Jubilados "Cabecitas Blancas".

7.- Combatir el subempleo de la tercera edad, convocando a las "Cabecitas Blancas" en aptitud física y psicológica para auxiliar a los docentes de los diferentes niveles y campos de la educación, seguros del valor de su experiencia madre de la ciencia necesaria para ayudar a cuidar, investigar, identificar, prevenir y corregir a tiempo desde el hogar, la comunidad y las aulas, aquellas causas de las fallas de la sociedad, particularmente de las conductas antisociales de los menores de edad y adolescentes.

8.- Organizar la participación de las microempresas formales y colegios profesionales correspondientes para asistir a las ferias internacionales Pow Wow, Grune Woche, Sial y Foodex de los países superdesarrollados a fin de asimilar y estimular la orientación de la producción y exportación hacia las necesidades del mercado internacional, primero como observadores, luego como productores industriales, expositores y finalmente como vendedores de productos "Made in Perú" de calidad y únicos en el mundo como la maca y la uña de gato, embutidos de carnes de cuy y camélidos andinos, emular por ejemplo a las tostadas snak de frutas deshidratas de Australia, con la deshidratación de los granos y variadas frutas de la biodiversidad peruana. Lindo stand de Australia en la Grunne Wocche Berlín 2003, con saquitos de tostadas, cual bodegas del Mercado Minorista de La Victoria, su lampita para que las colas de clientes llenen a su gusto sus bolsas y pasen a pagar por caja: 1 Euro por cada 100 gramos. Es decir 10 euros el kilo, al tipo de cambio de ese momento alrededor de S/.40.00. Y, en el Perú, las papayas, lucmas, naranjas, plátanos pudriéndose por falta de mano o en el camión atascado por el Wayco, si no se han caído de viejos al suelo antes de la cosecha. Eso recuerda también la floración de la selva, hábitat natural para la Apicultura. ¿Dónde está el Sistema Educativo?, ¿La Deshidratación no da valor agregado?, ¿Habrá Facultad de Deshidratación en alguna universidad privada o pública del Perú?, de las cuales todos quieren salir doctores?.

9.- El Estado debe comprar no solamente uniformes y carpetas a las micro y pequeñas empresas, sino también preparados alimenticios envasados industrialmente o elaboradas al instante, orientados especialmente contra la desnutrición materno infantil en los departamentos más pobres del Perú, pensando en el desarrollo pesquero y ganadero de los valles, cuencas occidentales y orientales de los Andes, de cereales, hortalizas y frutales que sustituyan las fuentes cárnicas de nutrientes.

10.- Ampliar a la gastronomía formal, el alcance del Decreto que establece la obligatoriedad de las Embajadas del Perú en el Extranjero de celebrar las Fiestas Patrias con Pisco y/o Pisco Sour, particularmente en los 100 países con mayor poder adquisitivo. El Estado debería incentivar con pasajes y alojamientos a las microempresas al día con el pago de sus impuestos. En el Perú, tener un ingreso económico honrado, trabajo dependiente o empresarial es un privilegio que tenemos la obligación de compartir con los que no tienen esa oportunidad.

11.- Llamar a los miles de jubilados subempleados, civiles y uniformados, a fin de mejorar la educación e incrementar sus ingresos con trabajos de seguridad integral, seguridad ambiental y ciudadana del país, apoyando la creación de variados Servicios y empresas de Voluntarios Civiles y Uniformados de la Tercera Edad, poseedores de la "Experiencia Madre de la Ciencia" tan valiosa para el desarrollo individual y colectivo. Los viejitos ya no comemos ni gastamos mucho.

12.- Cada 28 de Julio, las embajadas peruanas organizarán un Festival Gastronómico y Folklórico de la mar, costa, sierra y amazonía, en los 100 países más ricos del mundo, para consolidar la expansión de la gastronomía de las 4 regiones del PERÚ. Mar, Costa, Sierra y Selva practicada por microempresas formales contribuyentes del norte, centro y sur del Perú, con RUC, al día en el pago de sus impuestos y obligaciones laborales..

13.- En memoria de los Héroes de Chicago por las eight hours for work, eight hours for rest, eight hours for sleep y de los peruanos que murieron luchando por las 8 horas de trabajo, aplicando las modalidades de servicio, retén y franco de los trabajadores militares y policiales o un mínimo de 40 horas por semana, ampliar el horario de atención de los servicios del Estado a 3 turnos de 8 horas cada uno, total 24 horas, permitiendo la creación de nuevas plazas, incluso en el sector privado como ocurre en Medellín-Colombia, donde el supermercado está abierto mañana, tarde y noche, pero por favor no más de 8 horas, mejorando las oportunidades de empleo, inclusive las condiciones de seguridad y crecimiento económico. Para Lima sería primer turno de 7am a 3.00pm, de 3.00pm a 11.00pm, de 11.00pm a 7.00pm, tiempos que aliviarían el congestionamiento del tráfico vehicular.

14. Con la cooperación Japonesa y China, como alternativa a la minería ilegal, a la transformación y tráfico ilícito de la coca, a la tala ilegal, incluso la violencia, delincuencia y terrorismo que atrae a la gente desempleada de los Andes, encargar a las universidades nacionales y privadas, la creación y puesta en funcionamiento del Centro de Investigación Científica, experimental, plantación de las moreras tropicales, arbustos frutales que forman el hábitat natural de los gusanos de seda?, hilos finos alternos a las fibras finas de la vicuña cuya industrialización deberíamos también desarrollar para la sociedad con poder adquisitivo.

15.- En lugar de la fallida Ley Pulpín, es urgente buscar el pleno empleo mediante la creación de un Fondo Nacional de Autoempleo Juvenil manejado por los institutos y universidades

Equipo Asesor: Nano Guerra García por su lema "Sé tu propio jefe", Fdo. Cilloniz de "Quien Gana, Quien Pierde", Periodista Bruno Giufra de "Mundo Empresarial" CN, Mercedes Pinilla, FernandoVillarán, Jaime Althaus, Yachachi de Cusco, Rolando Arellano autor del libro "Al Medio Hay Sitio", Defensoría del Pueblo, exdirectores de planificación de los sectores Pesca, Ganadería, Agricultura, Minería, Energía, Comercio, Turismo, expresidentes de las Cámaras de Comercio, ADEX, Adalberto Acevedo de Escuelas Exitosas IPAE, CONFIEP, OIT, SENATI, universidades, colegios profesionales y voluntarios calificados de la comunidad nacional e internacional.

5. DIAGNOSTICAR PRONOSTICAR IDENTIFICAR LOCALIZAR ANALIZAR CRITICAR CUANTIFICAR DEBATIR PUBLICAMENTE INVESTIGAR EDUCAR CAPACITAR PLANIFICAR PARA SUPERAR LA EXCLUSION SOCIAL ECONOMICA POLITICA Y CULTURAL DE LAS COMUNIDADES AFROPERUANAS ALTOANDINAS AMAZONICAS Y URBANO MARGINALES

SINTOMAS
- Mendicidad, desnutrición, analfabetismo, desempleo, enfermedades, tristeza, llapichucos, descalzos, rotozos, subalimentados, subeducados, subempleo. Vida primitiva en los rincones de la Amazonía, en condiciones infrahumanas de a cuerdo a los parámetros de la cultura occidental..

PROPUESTAS
1.- Modernizar y solicitar la inclusión de los deportes colectivos ancestrales como la Raya, la Chueca y el Sapo en los Juegos Olímpicos del Mundo. Potenciar la autoestima de los peruanos de menores recursos, rescatando y relevando los valores y contenidos histórico-culturales de nuestra identidad, en figuras venidas a menos como Cahuide y Olaya, Tupac Amaru y Micaela Bastidas, batallas de Junín y Ayacucho, la filmación y difusión cinematográfica de sus significados.

2.- Después de más de 500 años de dominación y saqueo por los virreyes, piratas, corsarios, sus descendientes y evasores de impuestos, debe ya llegar la hora de que la Democracia conceda también la oportunidad de servir a la Nación, como a Mandela y Obama en sus países, a los dueños ancestrales del Perú como los Aymaras, Chancas, Pocras, Wancas, Chavines, Ashaninkas, Aguarunas, Campas, Jíbaros, aguajunes, baguas y congas, los Inga, Quispe y otras comunidades andinas, amazónicas y afro-peruanas, de tener derecho a una justa distribución de la riqueza nacional, igualdad de oportunidades y mecanismos para llegar a servir a la Nación desde los puestos de gobierno, igual que los "cultos", "intelectos" y otorongos que entran a dormir y no sueltan la teta hasta salir millonarios

3.- Contra la crisis de valores, principal causa de los males del Perú, reforzar las misiones de las órdenes Franciscanas, Dominicas, Jesuitas y otras, para avanzar en la inclusión educativa, cultural y la recuperación de los valores y tradiciones culturales de las comunidades nativas y alejadas de la Amazonía, Afroperuanas y Altoandinas, con educación trilingue y moderna (Aymara o Quechua u otro dialecto, Español e Inglés).

4.- Contra el incremento de los conflictos sociales, a nivel de las comunidades amazónicas y altoandinas, crear el Sistema de Investigación, Prevención, Alerta Temprana y Solución Pacífica, bajo la dirección de la Defensoría del Pueblo, aceptando la participación preferencial de las comunidades andinas y amazónicas no sólo en el trabajo, sino también en la inversión de las utilidades de la gran empresa en proyectos de desarrollo colectivo y sostenible de la comunidad propietaria, sin baypasear a las autoridades regionales y municipales, que deben coordinar la unidad de criterios con el Gobierno Nacional.

5.- Fortalecer la integración transversal de las macroregiones peruanas del Norte, Centro y Sur, visualizando infraestructuras de transporte multimodal que faciliten la salida más corta de los recursos naturales industrializados de la mar, costa, selva y los andes campesinos a los centros comerciales del Atlántico y Pacífico. Por ejemplo frutos deshidratados de la Amazonía, para competir con sus similares de Australia en las ferias anuales Grune Wocche de Berlín-Alemania.

6.- Contra la depredación de especies en peligro de extinción, desarrollar centros de investigación, conservación y desarrollo de Recursos Naturales Unicos en el Mundo y exportables como los Camarones, Algarrobo, Guinda, Ñuchco, Quinua, Chiwanway, Tarwi,Yuyo, Kiwicha, Chocho, Camélidos Americanos, Cóndores, Caoba, Cedro, ronsocos, sacha inchi, cacao, café, paiche, perdíz, quinua, maca, chocho, cochinilla, etc.

7.- Contra la explotaciòn exagerada de los intermediarios mayoristas de la comercializaciòn de alimentos de origen rural andino y amazónico, organizar ferias "delivery" urbano municipales de fines de semana para la venta directa y fresca de los productos campesinos en los puertos y ciudades de la costa, con el apoyo logìstico de la Fuerza Armada, enseñando a devolver las plazas como fueron recibidas: limpias.

8.- Complementando la recomendación bìblica de producir leche y miel en lugar de amapola y coca, en la amazonía y los andes altinos olvidados, introducir el concepto de capital de producción y reproduciòn con la entrega de alevinos y parejas de camèlidos americanos, ronsocos hembra y macho, vaca-toro, gallina-gallo, cuyes, aves, ovinos, caprinos, porcinos, fuentes de insumos para autoalimentación nutritiva y capitalización menos volátil que el dinero en efectivo. con asesoramiento permanente del Estado para el crecimiento y desarrollo.

9.- Frenar la depredación de los bosques y de la amazonía por la ilegal fabricación de cocaína y la irresponsable minería informal, la contaminación ambiental y fluvial, mediante la sustitución por alternativas probadamente más rentables como el café y cacao orgánico, la forestación por caoba, así como la incentivación de la formalización empresarial e industrialización de la extracción minera. Con las universidades y colegios profesionales, estudiar e investigar la sustitución de la coca por seda natural, con la cooperación de los países que tienen experiencia y/o son destino de la droga.

10.- Crear las plazas de congresitas acorde con el número de etnias aborígenes y los continentes de residencia de peruanos que migraron en busca de oportunidades de realización negadas en su Patria. También promover la transformación del Parlamento Andino en Parlamento Sudamericano, camino a los Estados Unidos de Sudamérica, con el mismo peso y derecho que Europa, Norteamérica y otras potencias universales.

11.- Contra la creciente atomización de la propiedad de las tierras en los Andes, organizar las corporaciones empresariales integrando los minifundios y especializándolas en líneas de producción a escala en los campos de la industria agrícola, ganadera, forestal, minera, energética y comercial más rentables nacional e internacionalmente.

12.- Represar las generosas aguas naturales de las lluvias invernales del cielo para un riego más tecnificado que ahorre líquido elemento contra la sequía y escacés de la sierra, las inmensas y sedientas tierras secanas de la costa, facilitando el acceso de las microempresas amazónicas, altoandinas y afroperuanas a las ferias delivery de fines de semana en las ciudades de la costa y mensuales de los países del extranjero, acorde con la globalización y competitividad de nuestros tiempos.

13.- Solicitar el apoyo de movimientos indigenistas como el de Rigoberta Menchú, ONGs. como Médicos del Mundo de Burdeos-Francia (Ramírez-diego@hotmail.com) para mejorar la salud y la educación de los minusválidos altoandinos, amazónicos y afroperuanos, producir formalmente para ferias nacionales e internacionles como Pow Wow, Grune Woche, Foodex, SIAL de China, Francia y Brasil, Casa América de Madrid, Summer Funcy Food de los Estados Unidos.

14.- Optimizar el empleo de los fondos de la CAF, del BID, BM, FMI y otras fuentes de crédito para el desarrollo, mejorando la capacidad operativa de los órganos de ejecución de proyectos de desarrollo nacional, regional, provincial y distrital, mediante el seguimiento permanente, evaluación y reajuste anual de los planes de desarrollo económico, social, político y cultural en beneficio de las comunidades exluídas.

15.- Con transparencia y equidad, mejorar la participación de la inversión privada (nacional y extranjera) con el Estado, aportando el 50% del capital, a condición de igual proporción en las utilidades, con énfasis en las concesiones hidroeléctricas que debe liderar la matríz energética peruana para industrializar y salir de la simple exportación de materias primas, creando el canon hidroenergético a favor de las comunidades circundantes.

16.- Contra la depredación y subdesarrollada condición de país exportador de materias primas, dejar establecido que sólo se autorizará la extracción de los recursos naturales (camarones, langostinos, pescados, carne y lana de auquénidos, caoba, cedro, oro, plata, cobre y especies en riesgo de extinción) con la condición de llevar valor agregado vía industrialización con V°B°, educación, capacitación y participación de las comunidades potencialmente afectadas y la aplicación de tecnología intensiva en mano de obra, buscando la forma de evitar ríos de alta contaminación como el río muerto del Mantaro, que afecta a todos los seres vivientes..

17.- Bajo el liderazgo del Centro de Estudios Orientales de la PUCP (Dra. Ute Geiger), encargar a las universidades públicas, la búsqueda de alternativas rentables de sustitución al cultivo de la coca, como el cultivo, industrialización y exportación de la seda, caoba, cacao, camu camu, café orgánico, quinua, kiwicha y coco, con el apoyo de los países de destino de la cocaína, creando las óptimas condiciones de nutrición, educación, empleo, realización profesional y empresarial en el origen de la migración a la costa y la selva: los Andes. .

18.- Contra el aislamiento de las comunidades agropecuarias de los valles-despensa de La Capital de la República y las urbes costeñas en las cuencas andinas y amazónicas por efecto de los huaycos, derrumbes y congestamiento vehicular que ocasionan perjuicio a la economía de los campesinos, ramificar las carreteras troncales de penetración como la Carretera Central, con vías alternas mejoradas por los valles de Santa Eulalia, Chillón, Lurín y Cañete que permitan cruzar la cordillera de los Andes Occidentales.

19.- Contra el desborde constante de los ríos: hacer realidad la idea de José Klimper de forestar empresarialmente y fortificar como en el Río Mapocho las defensas rivereñas del Río Mantaro y otros caudalosos de las tres regiones, con rocas superpesadas y proyectos de forestación a largo plazo con bosques de árboles maderables para el mercado nacional e internacional, que posibilite la creación de 1 empleo permanente por cada hectárea forestada. Es una vergüenza que Chile con menos ríos y regiones exporte maderas al Perú.

20.- Como los peruanos en países extranjeros, los migrantes del campo a la Capital y las principales ciudades del Perú, deben votar por las autoridades de sus comunidades de origen, postular a sus gobiernos, en las sedes de los clubes departamentales, provinciales, distrtales que haràn las veces de embajadas, única forma de fortalecer el vínculo y compromiso con el desarrollo descentralizad. Incentivar el retorno a compartir el éxito. Fortalecer y estimular la inversión de sus valiosas y apreciadas remesas en proyectos de desarrollo empresarial en la tierra natal. Dialogar con ellos sin mezquindad, para rec9ibir sus consejos valiosos..

21.- Para prever y solucionar sus problemas, crear el Sistema de Previsiòn y Solución de los problemas de subdesarrollo e inseguridad de las Comunidades Altoandinas, Amazónicas, fronterizas y Afroperuanas Rurales, con el asesoramiento de Hernando de Soto y la cooperación de las comunidades exitosas del extranjero, como las del Polo Norte, consciente de que son víctimas de siglos de marginación y olvido, no obstante ser la ancestral fuente de mano de obra que alimentó y alimenta a la ciudad, muchas veces indiferente e insensible.

22.- Qué lindo sería ver camiones militares transportando gratuitamente los productos pesqueros y agropecuarios de las comunidades altoandinas, amazónicas, marinas rurales más pobres, para su intercambio comercial y venta en las ferias dominicales de la chacra a la olla que deben reabrirse cada fin de semana en la Capital y las principales ciudades de la costa, la sierra y la amazonía; como el trueque de tejidos de lana y carne seca altoandinas por granos y tubérculos todos los meses de Julio en Sicaya.

23.- Al margen de las ideologías, apoyar iniciativas privadas como la ONG Yachachi de Carlos Paredes-Cusco, buscando el efecto multiplicador de sus experiencias autosostenidas de Riego Tecnificado, criaderos de cuyes, de truchas, taller de elaboración de queso, Sierra Productiva y otras, a favor de las poblaciones más pobres, articulándolas con Sierra Exportadora, las universidades, colegios profesionales, las ferias, exposiciones y mercados internacionales. Ampliar la función importante de promperú hacia la industria alimentaria andina y amazónica para la exportación. La Costa ya está encaminada. Terminar la Marginal de la Selva y la Carretera Real Andina, pensando en el sueño del ferrocarril que atraviese América del Sur desde el Cabo de Hornos hasta el Caribe, paralelo a los Caminos del Inca, de Piura y Matarani al Atláncico.

24.- Consecuencia de menos oportunidades en la selva y los andes, la migración informal del campo a la ciudad muchas veces en condiciones precarias agrava la extrema pobreza y desnutrición de la Capital y las grandes urbes, la explosión de las "invasiones" alentadas y lucradas por las mafias, si no los tugurios, covachas e insalubres subterráneos de los cerros, que debemos intentar resolver con miniproyectos de desarrollo planificado que se inicie con la formación y apoyo económico del Estado para el Retorno Empresarial a nuestras comunidades de origen, en condiciones de vida más humanas, similar al apoyo al retorno de los peruanos que migraron a los países extranjeros ahora en crisis.

25.- Hacer extensiva a la gastronomía, el Decreto disponiendo la celebración de las fiestas patrias en las embajadas y consulados del Perú en el extranjero con el Pisco Peruano y sus derivados, en lugar del wisky, champagne, sake, tequila y vodka. Asimismo, que en la concesión de los restaurantes y comedores de los poderes del Estado, tengan la oportunidad de rotar mensualmente las comidas y bebidas de las más de 200 provincias, especialmente andinas, amazónicas y afroperuanas. Porque ese consumo se paga con el bolsillo del Pueblo.

Equipo Asesor: Hernando de Soto, José Klimper, Alfredo Barnechea, Roger Rumrill, el Señor Pizango y directivos de AIDESEP, Juan de Dios Olaechea de FCC del Perú, Carlos Paredes y Jaime Althaus de Yachachi del Cusco, Cesar Hildebrandt, Presidentes y líderes de las Comunidades Rurales Amazónicas, Altoandinas y Afro-Peruanas, Iglesias, Defensoría del Pueblo y voluntarios calificados de la comunidad nacional e internacional, Padre Arana, Santos y Saavedra de Cajamarca, Anduviri de Puno y Huaynalaya de Junín. Guillermo Parodi del VRAEM, para reproducir su modelo de desarrollo agroamazónico "Louisiana". Econ Enrique Vasquez, Prof. Investigador de la U. Pacífico, experto en empleos empresariales autosostenibles en las comunidades rurales.

6. DIAGNOSTICAR PRONOSTICAR IDENTIFICAR CUANTIFICAR ANALIZAR CRITICAR LOCALIZAR DEBATIR PUBLICAMENTE INVESTIGAR EDUCAR PLANIFICAR CAPACITAR PARA EL DESARROLLO INDUSTRIAL DE LA MATRIZ ENERGETICA BASADA EN FUENTES HIDROENERGETICAS Y RECURSOS NATURALES RENOVABLES

Sintomatologia: Es el colmo de los colmos que hayamos llegado al consumo del petróleo y gas como combustible generador de energía eléctrica a la gran industria en lugar de haber continuado el desarrollo de la matriz energética renovable iniciada con las centrales hidroeléctricas de Cañon del Pato, Mantaro y otras basadas en las múltiples fuentes de abundantes caidas de agua que ofrece la accidentada pero maravillosa geografia nacional. Como consecuencia, haber cambiado la condicion de exportador por la de pais importador del petróleo, con todas las consecuencias económicas en contra del pais.

PROPUESTAS

1.- Con la premisa de que la energía es la base del desarrollo industrial, procurando superar los modelos de las represas de Aswàn e Itaipù, convocar a concurso internacional para el represamiento y aprovechamiento mùltiple de las caídas de los recursos hídricos de las cuencas internacionales de los rìos caudalosos de agua dulce Marañòn-Amazonas, Madre de Dios-Madeira, con fines de aprovechamiento pesquero, hidroenergètico, agrícola, ganadero, florícola, consumo humano y forestal, previendo la inminente escacès mundial de agua por efecto del calentamiento global.

2.- Represar los deshielos y lluvias torrenciales sobre los Andes, contra la sed y sequía de los desiertos que pueden multiplicar la variada producción agropecuaria del Perú y aliviar la escacés de alimentos del mundo, siguiendo el modelo de uso múltiple de las aguas del Río Nilo: hidroenergético, pesquero, florícola, agrícola, pecuario, consumo humano y forestal, buscando incluso el segundo uso de aguas servidas y tratadas de Villa Salvador. Revivir los acueductos de la ingeniería hidráulica para dar vida a los andenes del Tawantinsuyo.

3.- Combatir el encarecimiento del precio internacional del Petróleo, multiplicando las Casitas Blancas de Lurín que usa combustible ecológico como el estiércol del cuy o, siguiendo el ejemplo de Europa, aumentar las fuentes de energía eólica de los vientos de Paracas, y solar en las comunidades andinas, amazónicas y costeras que aún no tienen luz eléctrica. Ni hablar de la energía nuclear por los ingratos recuerdos de Rusia y Japón.

4.- Contra la escacés creciente del líquido elemento, crear el Sistema Nacional de Acuicultura, encargado del represamiento escalonado, conservación y uso racional del agua dulce de lluvia y deshielo en los cuales se inspiraron los APUS de nuestros ancestros. Desalinización del agua de mar. Descontaminación de lagos, lagunas, ríos, riachuelos, manantiales y demás espejos de agua. Tratamiento y reuso de aguas servidas, siguiendo el modelo Villa Salvador de Michel Ascueta.

5.- Contra el encarecimiento del precio internacional del petróleo, llamar a los exVice Ministros de Energía como el pensador Pedro Gamio, las universidades y regiones, para lanzar la iniciativa de estudiar el aprovechamiento múltiple de las principales caídas de agua y lluvia, emulando al modelo del Río Nilo, buscando su aplicación ecológica a largo plazo en el turismo por Tren Bala que una los pueblos de las Américas desde Alaska a Chile, paralela a la Carretera Panamericana, para impulsar el turismo ecológico por el tren eléctrico paralelo a la carretera interoceánica Perú-Brasil.

6.- Encargar al capital privado-público de una empresa binacional peruano-chilena, la modernización y puesta en funcionamiento empresarial del Histórico Tren Tacna Arica con fuerza hidroenergética, para impulsar aún más el turismo ecológico internacional y fortalecer la paz y relación armoniosa de ambos países.

Equipo de Gobierno: Alfredo Barrenechea, Ex Ministros y Vice Ministros de Energía, Universidad Nacional de Ingeniería, Colegio de Ingenieros y cooperación de los países con mayor experiencia en centrales hidroeléctricas. El recordado Michel Ascueta, para el tratamiento y uso de las aguas servidas en Villa Salvador. Ing. Milán Barzola de la Universidad San Martín de Tarapoto y empresa del Grupo T Solar Global para desarrollar centrales de Energía Solar en las regiones con déficit de otras fuentes de energía, como Arequipa. Ing. Manuel Luque Casanave y su ong. COPADESE 2011, profesionales y empresarios voluntarios del Perú, Chile, Ecuador, China, Alemania, Japón, Estados Unidos y el mundo.

7. DIAGNOSTICAR PRONOSTICAR IDENTIFICAR CUANTIFICAR ANALISAR CRITICAR LOCALIZAR DEBATIR PUBLICAMENTE INVESTIGAR PREVENIR LA DEPREDACION PLANIFICAR EDUCAR CAPACITAR A LOS PERUANOS PARA PROTEGER Y DESARROLLAR LA INDUSTRIA PESQUERA

Sintomas: Dolorosa contradicción entre la biodiversidad de abundantes recursos pesqueros y la alta tasa de desnutricion materno-infantil, particularmente en los departamentos más pobres de los andes y amazonía peruanos. Depredación de valiosos recursos marinos, especialmente los alimenticios, por los barcos-factoria del salvaje capital peruano y extranjero, especialmente rusos y chinos depredadores de biomasas de anchoveta, enajenada con el cuento de la "harina de pescado para pollos y cerdos" seguro sabedores de su alto contenido de omegas 3, 6 y 9, claves para el desarrollo humano. Alta contaminación de las aguas del litoral marino, fluvial y lacustre, por efecto de las aguas servidas de las megaciudades de la costa, sierra y selva.

PROPUESTAS:

1.- Rescatar el hábito de consumo incaico, descontaminando y convirtiendo la riqueza ictiològica de los mares, lagos. ríos y espejos de agua peruanos en las principales fuentes de nutrición del pueblo peruano, sobre todo contra la desnutrición materno-infantil crònica que padecen los departamentos más pobres del Perú, a travès de la cocina tradicional e industrialización de alimentos de origen pesquero para el consumo humano interno y la exportaciòn.

2.- Represar los deshielos y las lluvias torrenciales sobre los Andes. contra las sequías y los desiertos, seguir el modelo de uso de las aguas del Río Nilo, multiplicando el uso a fines pesqueros, hidroenergéticos, floriculturales, agrícolas, pecuarios y consumo humano.

3.- Contra la escacés creciente del líquido elemento, crear el Sistema Nacional de Acuicultura, encargado de la descontaminación, conservación y uso racional del liquido elemento, el tratamiento y reuso de aguas servidas, con fines de incrementar la producción de peces, batracios como la rana y algas como el yuyo y cushuro..

4.- Reconocido el pescado como indiscutible fuente de alimentos nutritivos, extender en la costa la industrialización de la carne de los peces con mayor valor nutritivo, rescatando los hábitos de consumo de la época del Tawantinsuyo, en que los chasquis garantizaban el transporte rápido de la carne fresca y seca del pescado de mar hasta el Cusco, especialmente para la mesa de los departamentos más pobres del Perú, por tener la mayor importancia para combatir la desnutrición materno infantil, principal causa de la extrema pobreza.

5.- Inspirarse en la Cosmovisión del Imperio del Tawantinsuyio: TAWA=4, para otorgar a La Mar la categoría de 4ª Región, al lado de La Costa, La Sierra y La Selva, fuentes de incalculabes riquezas biodiversas, reforzando la presencia de los peruanos a través de cruceros de turismo de Tumbes a Tacna, de las vacaciones para amazónicos y andinos en el litoral, en vigilancia y prevención de la silenciosa depredación por empresas autorizadas para pesca extractiva e industrial a gran escala.

6.- Así como como los barcos factoría de la China y Rusia, salvando las distancias, quienes mejor que los pescadores artesanales peruanos graduados en la universidad de la vida, para que capacitados y adiestrados, con préstamo del Estado y unido con las universidades, demuestren al país que son capaces de manejar empresarialmente una flota pesquera de tres barcos factoría de industria pesquera de consumo con demanda fija creada por la inclusión de los departamentos con mayor desnutrición del Perú, que al lado de los capitales peruanos, sustituyan gradualmente a los gigantes depredadores barcos-factoría de las superpotencias, cuidando como suya la biomasa marina llenas de omega 3, 6 y 9 que desde el siglo XX dicen alimentar a los pollos y cerdos chinos y rusos. En su lugar, nuestro pueblo con neuronas de origen marino, necesitaría menos PRONAA en el mediano y largo plazo.

7.- Crear institutos que formen los técnicos pesqueros y facultades universitarias de ingeniería pesquera, ingeniería hidráulica, ingeniería de industrias alimentarias y nutrición en todas las provincias con recursos hídricos marinos, lacustres o fluviales. También las escuelas de cocina que le den sabor con los Ingenieros de Industrias Alimentarias para el envasado industrial, con los Nutricionistas para asegurar la dieta balanceada.

Equipo Consultor: Historiador Hèctor Martinez, autor del libro El Mar y el Perù, el Instituto del Mar; Ing. Pesqueros Max Risco Ucharima, Tovar y Henry Meza becado para estudiar en el Río Nilo de Egipto, microempresarios pesqueros y pescadores nacionales; FAO, APEGA, Nutricionistas Zanabria, Mariaca, Chavez, Respicio, Pino, Bellido; Bióloga Marinés Sanchez e Ing. Industrias Alimentarias Delgado, Aliaga, Mendoza, Escobedo, Fano y Antunez de Maggiolo; profesionales y empresarios con patriotismo ascendrado, compromiso y sensibilidad social del Perú y el Mundo, pescadores artesanales con espíritu de superación, decisión y perseverancia.

8. DIAGNOSTICAR PRONOSTICAR IDENTIFICAR CUANTIFICAR LOCALIZAR ANALISAR DEBATIR PUBLICAMENTE INVESTIGAR EDUCAR CAPACITAR PLANIFICAR EL DESARROLLO DE LA INDUSTRIA GANADERA

Síntomas de subdesarrollo: En el Perú del 50 era contrabando perseguido la producción de carne vacuno nacional. A principios del presente, aún no estaba permitido el ingreso de los componentes cárnicos de camélidos americanos de la Pacha Manca Ancestral Made in Perú al Mercado Alemán, a pesar de tener certificado DIGESA. Al 2011, el Estado Peruano aún no contaba con sistema de certicación de la Pachamanca Marina ni de ayuda a las micro empresas de ganadería en manos de los intermediarios mayoristas o del gran monopolio de la industria láctea que además de pagar precios irrisorios a los microganaderos acapara la venta de lácteos a PRONAA. Como el monopolio de los colchones, esto es sencillamente un mercado ultraliberal salvaje, donde quien puede puede. Languidecen los microganaderos de los Andes por la importación de carnes de otros países. Imperfecciones del libre mercado. A pesar de ser una de las principales fuentes de nutrición, falta planificación, profesionalismo, apoyo y empresarialización en la incipiente industria pecuaria y alimentaria, complicado en las décadas perdidas del 80 y 90.

PROPUESTAS:

1.- Consciente del valor del Sector contra la desnutrición materno infantil, crear el Ministerio de Industria Ganadería para desarrollar la producción de alimentos a base de carnes de la ganadería de la costa, sierra y selva, buscando el autoabastecimiento de carnes, lácteos, la industrialización alimentaria, lanar y exportación, a partir de las especies en extinción como la vicuña y otros camélidos andinos, fortaleciendo la organización de las rondas campesinas de autodefensa contra las matanzas indiscriminadas por los cazadores furtivos y depredadores, con la cooperación técnica de Holanda, Suiza, Brasil, Argentina, Nicaragua y Costa Rica.

2.- Aprovechando las experiencias de Israel, Europa y Nueva Zelandia, desarrollar la crianza de los camélidos americanos, especialmente las especies en extinción como la vicuña, investigar la industrializaciòn de sus lanas para sustituir al cultivo de la coca y las importaciones, con hilos y confecciones de lana fina de vicuña para vestuario de los oficiales generales, alpaca para los oficiales, llama y guanaco para los soldados, exportando los saldos, coherente con el Patriotismo que ha caracterizado a los militares, y la necesidad de alcanzar siquiera la Revolución Industrial de los países superdesarrollados, abandonar la condición de país exportador de materias primas.

3.- Impulsar el desarrollo la producción artesanal e industrial a base de la leche, la carne, el cuero y cuerno de la ganadería cuyera, camélida, vacuna, ovina, caprina, avícola andina y amazónica pensando en mejorar la economía y nutrición materno infantil de los más pobres del Perú, el mercado nacional e internacional que esperan los saludables y sabrosos embutidos de carnes de alpaca y cuy, instalando unidades piloto de producción industrial, manejado profesional y empresarialmente, generando RUC y empleo para la PEA .

4.- Contra los precios bajos que no cubren los costos de cría, maduración y engorde ganadero, el Estado debe tomar la iniciativa del desarrollo piloto de la industria de transformación cárnica y derivados de la ganadería peruana, como la gastronómica en alimentos de alta dosis nutricional para las 200 provincias, especialmente las más pobres del Perú, de acuerdo a stándares internacionales de salud e higiene, creando institutos tipo senati o universidades civiles o militares, o siquiera facultades de nutrición, genética para mejorar peso, calidad y llevar la currícula de cada cabeza de ganado como en Argentina, química, biología, envases, industria ganadera y alimentaria exportable.

5.- Darle mayor valor agregado a la ganadería andina, promoviendo la creación de modernas plantas de industrialización de carnes de camélidos andinos, ovinos, vacunos, porcinos y aves contra la desnutrición materno infantil, sistematizando y estandarizando profesional y empresarialmente la crianza, producción y exportación de embutidos como chorizos de llamita, ronsoco y cuy, charqui de paquito, conscientes de la naturalidad y variedad de los pastos en los andes altinos y el colesterol casi cero de los camélidos.

6. Frenar la mortandad masiva de camélidos altoandinos por efecto de los friajes de todos los años, previendo en los abrigados valles costeños o andinos los invernaderos de

abundante pasto y forraje a donde arriar y hacer escapar, hasta cuando pase el crudo invierno de nieve, para volver a su hábitat natural.

Equipo Asesor: Universidades, Centros de Investigación Genética, institutos, organizaciones como la ONG Prisma de Cecilia Flores, Promotora del desarrollo, industrial y comercial de lana de camélidos andinos (Ref. El Comercio Domingo 22 Mayo 2011, Sección Mi Empresa), nutricionistas Respicio, Fano, Bellido, Sanabria, Chavez, Pino; ingenieros de industrias alimentarias Escobedo (Pionera de los Chorizos de Carne de Alpaca), Delgado, Nieva, Aliaga, cocineros, estudiosos y emprendedores comprometidos con el desarrollo de la producción, industrialización y exportación de lana y carne de camélidos, cooperación de paises como Suiza, Brasil, Alemania, Japón, Nueva Zelandia, y otros que hayan alcanzado el desarrollo de la ganaderia vacuna, camélida, industrializacion y comercializacion internacional de sus derivados: ingenieros zootecnistas Vivas, Zárate, Marti; médicos veterinarios Vilchez y Espinoza: colegios profesionales y jubilados voluntarios conocedores de la materia, del Perú y el extranjero, ganaderos y empresarios de elevado compromiso y respon sabilidad social.

9. DIAGNOSTICAR PRONOSTICAR IDENTIFICAR CUANTIFICAR ANALISAR CRITICAR LOCALIZAR DEBATIR PUBLICAMENTE INVESTIGAR PREVENIR PLANIFICAR EDUCAR CAPACITAR PARA EL DESARROLLO DE LA AGROINDUSTRIA

Síntomas: Es una verdadera lástima el atraso del Perú en el campo de la Agro Industria Alimentaria respecto a paises de America Latina, ni que decir respecto a los paises superindustrializados, lo cual tiene que ver con el anacronismo y lenta reaccion del sistema educativo frente al progreso vertiginoso de la ciencia y la tecnologia, de la globalización y competitividad, todo complicado con el narcoterrorismo que mermó el crecimiento y desarrollo rural, el ultraliberalismo que envenena la tierra, las aguas y plantas. Aún así, los microagricultores andinos mil oficios sin el menor asesoramiento y apoyo del Estado siguen encargándose de frenar la inflación macroeconómica de las grandes ciudades a pesar de que sus precios no cubren sus costos de producción. En la Amazonía, ya sabemos que prefieren producir para el narcoterrorismo, salvo algunos cultivos rentables como el café y el cacao que requieren un manejo profesional y empresarial. Es justo que un coco valga S/.0.10 en Tarapoto y S/.1.00 en el Mercado Mayorista de Lima?.

PROPUESTAS:

1.- Prestar especial atención a la descontaminación de los espejos de agua como el Lago de Junín y Río Mantaro, para potenciar la agroindustria y agroexportación de altura, como la maca y la cochinilla, la quinua, el maíz y la papa nativa, el yacón, aguaymanto. La alcachofa, choclos y pastos de los valles abrigados. Deshidratación de las variedades de frutas y raíces de selva alta y baja, siguiendo el modelo australiano presente en la Grunne Wocche de Berlín 2003.

2.- Contra las pèrdidas que ocasionen las inclemencias de la naturaleza y las fluctuaciones de los precios internacionales, establecer un seguro y fondo de compensación a favor de los micro agricultores daminificados eventualmente. Por qué no, si hubieron gobiernos que salvaron el banco latino y los de ADEX tienen su draw back y Fondo de Riesgo. Esta es una de las deudas internas pendientes de pago puntual del Perú como la deuda externa que no perdona ni los intereses.

3.- Extender y aplicar, a los cultivos de los valles andinos y amazónicos de la cuenca del Atlántico con microclimas similares, principales despensas de la Capital de la República y ciudades de la costa, la experiencia empresarial exitosa de producción de hongos y caracoles comestibles al piè de los gigantes pinos en la Comunidad Forestal de Incahuasi-Lambayeque, mediante convenios de cooperación intercomunal financiados por el Estado.

4.- Convocar al Sistema Sierra Productiva de Yachachi-Cusco, liderado por Carlos Paredes y otros similares proyectos exitosos, para su réplica a nivel nacional, especialmente en las provincias más pobres del Perú, en los desiertos de la Costa y territorios depredados de la Selva, complementando su labor con las de PROMPERU, Sierra y Selva Exportadora, los consejeros comerciales de las embajadas para identificar y contactar compradores de especies únicas del Perú en el mundo, como el choclo cusqueñe, la maca, uña de gato y limón de Piura..

5.- Contra la sequìa de tierras fèrtiles y escacès del agua bendita de la natural lluvia del cielo en los desiertos de la costa y tierras secanas de los Andes, evitar que el agua bendita se pierda en los rios y océanos represando los abundantes excedentes invernales de lluvias torrenciales, modernizando las tecnologías de riego. Salvar riachuelos cristalinos y naturales como el Pachacayo y el Cunas, desviándolos a represas y campos agrícolas antes de que se mezclen con aguas contaminadas como las del Mantaro, envenenadas por la centenaria actividad minera de la Oroya, complicada por las aguas servidas y la ausencia de educación ambiental de las poblaciones rivereñas.

6.- Contra el envilecimiento de los precios de cultivos tradicionales que no cubren ni los costos de producción agrícola en los valles interandinos, investigar y probar la producción planificada de sustitutos como la quinua, los espárragos, garbanzos, alcachofas, lentejas, frijoles, páprika, cochinilla, molle, tara, maní, loche y otros productos orgánicos más rentables y exportables.

7.- Así como el de Santa Anita, construir los mercados mayoristas de productores agrícolas y frutícolas de Lima Norte y Lima Sur, para facilitar la comercialización de los productos campesinos respectivamente del Norte, Centro y Sur del país, siguiendo el modelo del mercado mayorista con alto relieve de Medellín-Colombia, complementado con un sistema de transporte gratuito militar o policial para que los microagricultores y fruteros se asocien y traigan sus productos a venderlos a mejor precio por lo menos los fines de semana. Sería una forma de redistribución más productiva de la riqueza y de praxis de la relación de la seguridad con el desarrollo que pregonan los servidores uniformados.

Equipo Asesor: Facultades de Biología, Genética, Agronomía, Nutrición e industrias alimentarias de las universidades públicas y privadas de las 200 provincias del Perú, la cooperación técnica y económica de la FAO y los paises que llevan la vanguardia en la industria agroalimentaria mundial, como por ejemplo la Facultad de Envases de la Universidad de Berlín-Alemania y las Fabricas de Tamales de Costa Rica. Colegios de Ingenieros. Centros de Investigación Científica y Tecnológica. Voluntarios de la comunidad nacional e internacional.

10. DIAGNOSTICAR PRONOSTICAR IDENTIFICAR CUANTIFICAR LOCALIZAR ANALISAR CRITICAR DEBATIR PUBLICAMENTE INVESTIGAR EDUCAR CAPACITAR PLANIFICAR PREVENIR LA DEPREDACION FORESTAL LA CONTAMINACION AMBIENTALY PROMOVER LA CONSERVACION DEL MEDIO AMBIENTE Y EL DESARROLLO DE LA INDUSTRIA FORESTAL

Síntomas: En la Capital de la República: Da pena ver que irresponsables conductores de vehículos pasan tirando basura y desmonte por el Distrito de La Victoria, que todavía hayan peruanos haciendo sus necesidades fisiológicas en plena vía pública de La Parada, inclusive jóvenes del Sector A tirando cáscara de plátano o clase B también botando por la ventana del bus el bagazo después de "chamchar" la caña, ante la impotencia o indiferencia del entorno culto. Y, lo peor es que esta conducta se repite en el extranjero, una de las razones por las cuales el autor quisiera atreverse a entrar en la cancha, en lugar de simplemente vociferar y permanecer en la tribuna. Ni qué decir de las sustancias químicas empleadas delincuencialmente por los ilegales lavaderos de oro, las pozas de maceración de la coca para obtener la pasta básica y terminar en el tráfico ilícito de la cocaína, fuente de financiamiento del terrorismo y de los crímenes más espeluznantes. El colmo de los colmos, Perú con 4 regiones importando madera de Chile.

PROPUESTAS:

1.- Consciente de la necesidad de PREVENIR ANTES QUE LAMENTAR, contra la tala ilegal de la caoba y maderas altamente rentables, otorgar mayor ingerencia y responsabilidad de los sistemas de educación, seguridad, salud, minería, agricultura, justicia, industria, comercio, municipalidades, jurídico y ONGs ambientalistas, en el desarrollo forestal, la preservación de la higiene y limpieza ambiental, tanto en el campo como en la ciudad, en la conservación y limpieza de la naturaleza y medio ambiente, sustitución de contaminantes como el mercurio.

2.- Investigar científicamente, planificar y reforzar las acciones de prevención de defensa civil contra tsunamis, terremotos, waicos, tragedias y catástrofes, a través de prácticas en las excursiones de los trabajadores de la administración pública, forestación industrial maderable o frutícola empresarial de las riveras de los ríos caudalosos contra los desbordes y filtración de sus aguas contaminadas, comenzando por el Río Mantaro, río muerto. Plantar en todos sus campos, parques y alamedas árboles frutales, similar al Olivar de San Isidro, en lugar de árboles de tallo hueco que no sirven ni para leña, tampoco para dar sombra, como una forma de aplacar el hambre de quienes lo necesitan, sin que se lleven todo que sería un robo, que no se producirá cuando hay abundancia de valores. Además de la vida institucional elitista, es responsabilidad de los colegios de ingenieros y abogados, frenar el crecimiento de las "ciudades sin pulmón", de las invasiones carentes de forestación y el crecimiento descontrolado de los bosques de cemento contra la dirección normal de los vientos y la amplitud de los rayos solares.

3.- Crear un FONDO PRO INVESTIGACION Y DESARROLLO DE LA PLANTACION E INDUSTRIA FORESTAL para atender proyectos de organización empresarial y entender que los proyectos de industria forestal son a largo plazo, incompatibles con el mandato de corto plazo de las autoridades municipales y comunales, requieren también paciencia y vocación para la atención a tiempo completo en el campo, lejos de la comodidad de los escritorios de los genios de la burocracia, ajenos a la informalidad y sufrimiento de los cachineros nocturnos y diurnos, camino a condiciones más humanas de trabajo de recolección, clasificación, procesamiento industrial y comercialización de los residuos, con asesoramiento profesional y cooperación internacional, ojalá alguna vez como en Alemania se trituren los voluminosos muebles viejos de madera para reconvertirlos en madera nueva para modernos muebles, didáctica muestra de reciclado. Ojalá el Fondo Verde de la cop20 responda a esta necesidad.

4.- Impulsar la forestación de los desiertos de la costa, los valles de los Andes diezmados por las yunsas, parrilladas, pachamancas y la necesidad de leña de los migrantes empobrecidos que huyeron del terrosismo, las áreas depredadas de la selva, sierra y costa, con árboles frutales como guindales, cítricos y algarrobos, medicinales, maderables, industrializables y rentables nacional e internacionalmente, que como propone José Klimper genere también oportunidades de empleo a razón de 1 puesto de trabajo permanente por cada hectárea forestada.

5.- Poblar los parques y avenidas de las principales ciudades del país, con flores y árboles frutales o maderables rentables nacional e internacinalmente. No más sustancias químicas a la selva, mal usados para la fabricación de droga y extracción informal e ilegal del oro, ni incendios, más respeto a la Pachamama. Alto a la depredacion de bosques y a las diferentes formas de contaminación ambiental. Enseñar a los migrantes de los andes a la amazonía las oportunidades de forestación industrial o frutal rentable, contra el fácil trámite de la coca y la codicia por el oro. Seda y coco legales, en lugar de oro y cocaína ilícitos.

6.- En base a las experiencias vividas "a pié" en el extranjero, propondría el Modelo Alemán, al que ya se aproximan algunos distritos ricos de la Capital, consistente en construir e instalar debajo del lavadero de la cocina, un minicontainer con bolsas plásticas de diferentes colores para los residuos orgánicos, cartones y papeles, plásticos, vidrios, telas, metales,etc. Cada mañana al salir al trabajo diario, el Jefe de Familia echa las bolsas en un multicolor container mayor al pié del edificio o a la salida del pasaje o condominio, en lugar de la mala costumbre limeña de tirar todo a la pista. Más tarde, los ambientales camiones container vaciarán, aprisionarán y transportarán a los centros de procesamiento y reciclado industrial.

7.- Para que el papel usado como el boleto del bus, el pucho de cigarrillo o la cubierta del chocolate, caramelo y helado no sean tirados al suelo, al comienzo, mitad y final de la vereda de cada calle, instalar como en Madrid-España los tachos que serán operados en cada cuadra por su autoridad de seguridad multifuncional (Educador, Jardinero, Supervisor de Limpieza, Enfermero, Policía, Padre Sustituto), en lugar de la Policía Municipal y el serenazgo que estamos proponiendo contra la Crisis de Valores, bajos sueldos y proliferación de la delincuencia, con el apoyo de la Junta Vecinal, todos los medios de comunicación social: escrito, hablado, televisado y virtual; con la cooperación de las instituciones de la comunidad nacional e internacional. Todos contra la corrupción y la delincuencia.

8.- En todas las universidades públicas, crear las facultades de Ingeniería y Desarrollo Forestal y Ambiental, Turismo Ecológico y Vivencial, de Medición y Certificación de Impactos Ambientales. Centros de Investigación de Reciclaje y Uso de

Aguas Servidas, aprovechamiento industrial y agrícola de los residuos sólidos.

9.- Con los empresarios de la seda en la comunidad de ANSERMA-Colombia, el Centro de Investigaciones para el Desarrollo de la PUCP, el Sistema de Conservación Ambiental, el INRENA, las regiones con Selva Amazónica, con la cooperación científica de la China Milenaria o Japón o Rusia o Reino Unido de siglos experiencia en la producción y comercialización de tela tan fina, natural y costosa, estudiar y explorar la posibilidad de reforestar con bosques de moreras, hábitat de los gusanos de seda, en la selva depredada por los mineros ilegales e informales de los oros blanco y dorado, la tala y tráfico ilegal de madera fina.

Equipo Asesor: No podrán faltar en este equipo las facultades universitarias de Desarrollo de la Industria Forestal y Ambiental, especialmente de las provincias de la Selva, los científicos Cabieses, Brack y Jurado, voluntarios profesionales y amateurs, llamar al Ing. Forestal Marc DOUROJEANNI, autor del libro "Amazonía 2021"., a la Universidad Científica del Sur y al Físico Neonatólogo Juan Rodriguez, para la descontaminación de las aguas del mar y los ríos. Ingenieros Químicos Villalba y Torres de la UNI, expertos en extracción del oro sin contaminación ni generación de escoria como la que se desbordó sobre los ríos de Huancavelica. Instituto del Mar. Agencias de Viaje, Transporte y Turismo, instituciones y personas voluntarias de la comunidad nacional e internacional. Cecilia Blume. OCIFOR y Julia María Urrunaga, Directora de Environmental Investigation Agency- EIA contraria a la ilegal tala y exportación forestal.

11. DIAGNOSTICO PRONOSTICO IDENTIFICACION LOCALIZACION CUANTIFICACION DEBATE PUBLICO DIALECTICO INVESTIGACION EDUCACION CAPACITACION Y PLANIFICACION PARA DESARROLLAR LA INDUSTRIA MINERA

Síntomas: Con razón, el sector minero ha sido el principal centro de crítica a las políticas de los gobiernos que no han logrado cambiar sustancialmente la condición de neto "País Exportador de Materias Primas" sostenida por siglos como ilustración del crecimiento industrial del mundo a cambio del atraso de países subdesarrollados como el Perú que necesita ingresar aunque tardíamente a la era de industrialización y exportación de recursos mineros transformados siquiera artesanalmente o semi-industrialmente generando por lo menos empleo para los peruanos y valor agregado o demanda para otros factores de producción a los recursos mineros, que exige transferencia e ingenio científico y tecnológico, investigación para el desarrollo con tecnología intensiva en mano de obra que es la que interesa a los pueblos. Están siendo rechazados productos agrícolas de exportación como la alcachofa, regadas con aguas contaminadas por las minas como del río Mantaro, lamentablemente contaminadas por los relaves del complejo minero metalúrgico de la Oroya y complicadas por las aguas servidas no tratadas de todos los pueblos de las riberas del río. Alto a siglos de saqueo del oro, la plata, el cobre y minerales preciosos, en medio de la desnutrición, el analfabetismo, desempleo y pobreza a veces extrema de las comunidades andinas y amazónicas.

PROPUESTAS:

1.- Ante la repercusión inevitable de la desaceleración de la economía norteamericana, china y europea, la pérdida de valor del Dólar y del Euro, el Perú debería acumular sus reservas en oro, industrializar con tecnología intensiva en mano de obra artesanal y exportar sus excedentes, más aún si históricamente el Perú es conocido como fuente inagotable de metales tan preciosos como el oro, el cobre, la plata y otros indispensables para el desarrollo global.

2.- Como el oro, todo mineral peruano debe llevar por lo menos algún nivel de industrialización para borrar el título estigmatizante de simple "País Exportador de Materias Primas", para enterrar el seudónimo del "Peruano Pobre que no Sabe que está sentado en banco de oro" de Raimondi y otros investigadores, en clara alusión también a los ingentes recursos disponibles para aspirar a un mejor nivel nutricional, educativo y cultural del Pueblo.

3.- Además del canon minero, en un gesto de responsabilidad social y acto de solidaridad, el Estado y las empresas mineras deben apoyar más directamente con las sobre ganancias mineras al desarrollo integral al que tienen derecho las comunidades vecinas, haciendo extensivos sus beneficios a provincias, regiones y sectores de la nación que no tienen ese privilegio de riqueza, creando empresas productivas y rentables que mejoren la nutrición materno infantil, educándolas y capacitándolas para gerenciar eficientemente, ahorrando para la época de las "vacas flacas". Mejor si abren buenos centros de nutrición y salud materno infantil, kindergarten con desayunos y almuerzos nutritivos, buenas escuelas, buen instituto, buena universidad donde se forjen las nuevas generaciones, estudiando y trabajando mañana, tarde y noche, para buenas carreras técnicas, profesionales, inventores, investigadores, industriales que neutralicen la migración del campo a la ciudad, que desactiven los conflictos y disminuyan la violencia y tensión.

4.- Suspender el funcionamiento de las actividades mineras y minero metalúrgicas que por décadas vienen contaminado las aguas de los ríos, hasta encontrar métodos alternos de descontaminación de aguas, con el apoyo del Estado, de sus trabajadores y la "Minka" de comunidades afectadas como el Río Mantaro que además de la Oroya viene contaminando toda la producción agrícola de Sicaya y otros distritos del Valle del Mantaro, principal despensa alimenticia del Perú. Salvar de los tóxicos de los relaves mineros, las aguas cristalinas de los deshielos, manantiales y riachuelos afluentes, desviando sus cauces que desembocan en el Lago de Junín y el río Mantaro.

5.- Perseguir, denunciar, investigar, decomisar, la posesión ilegal del oro, patrimonio nacional, asi como embargar los bienes muebles, de capital e inmuebles adquiridos con su tráfico ilícito, promoviendo la formalización contribuyente de las personas naturales y jurídicas de esta actividad, siempre que no lleguen a depredar los bosques, contaminar los espejos de agua y atmósfera nacional, regional, provincial y distrital.

Equipo Asesor: Economista Miguel Santillana, experto en investigación de la ilegalidad, informalidad y contrabando del oro, sobre todo en la depredación de la Selva de Madre de Dios, sus conexiones con el lavado de dinero y otras actividades ilícitas. Las comunidades ancestrales especializadas en elaboración y exportacion de objetos de Orfebreria y Joyeria de metales preciosos como San Jeronimo de Huancayo, industrias minero-metalurgicas como La Oroya, a condicion de financiar proyectos que eviten la contaminación del río y el medio ambiente. Desde luego, llamar a las industrias pesadas como Siderperu y Aceros Arequipa. Mecánicas industriales que sobrevivieron al terrorismo como MINSA. Cooperacion de paises que lideran la industria del acero y del plomo. Universidades, colegios profesionales, Humberto Olaechea, Presidente de la Red de Diálogo para el Desarrollo que ayudó a solucionar el conflicto en la Mina Cerro Verde de Arequipa.

12. DIAGNOSTICAR PRONOSTICAR IDENTIFICAR CUANTIFICAR Y CALIFICAR LAS CONSECUENCIAS ANALISAR LOCALIZAR Y DEBATIR PUBLICAMENTE EN CABILDO ABIERTO INVESTIGAR EDUCAR Y PLANIFICAR EL DESARROLLO DE LA INDUSTRIA AUTOMOTRIZ METAL MECANICA ELECTRICA Y ELECTRONICA

Sintomas: A pesar de tener todos los recursos naturales, el Peru sigue siendo un simple pais exportador de materias primas que regresan del extranjero en forma de maquinarias, aparatos, artefactos y repuestos fabricados con dichos recursos e importados a 10, 20 y más veces su valor, en una clara muestra de nuestra condicion de subdesarrollados, consecuencia principalmente del sistema educativo imperante de más doctores y generales. Salvo los avances en la transformación y exportacion del ilegal "Oro Blanco", la consecuencia: menos oportunidades de trabajo para la juventud peruana, más oportunidades para las potencias extranjeras, confirmando la afirmación de que "el Perú no fabrica ni aguja", más bien "prefiere lo importado". Falta el amor propio que nos haga fabricar carros, trenes, barcos y aviones siquiera para el mercado interno. Dónde está el apoyo de la Madre Patria y sus multimillonarios a sus inventores, investigadores científicos y tecnológicos?. Los alegres importadores de los miles de automóviles congestionadores del tráfico y contaminantes del medio ambiente, deberían pensar por lo menos ensamblar como en el 70, no solamente en su bolsillo. ¿Acaso Estados Unidos, China y Rusia no gastaron y gastan miles de millones dólares y rublos en su transbordadores?. Qué diferencia con Suiza, Corea del Sur, Japón, Italia, Israel.

PROPUESTAS
1.- Levantar los mitos de que los profesionales del Perú no pueden fabricar ni una aguja, todo se importa, todo lo extranjero es mejor que lo peruano, con la consecuente introducción del modelo de sustitución total o parcial de las importaciones que permita el desarrollo de una industria nacional automotriz, metal mecánica y electrónica con tecnología de punta competitiva, generadora de mayores oportunidades de empleo para la creciente PEA, por lo menos para los patriotas que preferimos comprar los productos nacionales y la clase media del mundo. ¿Hasta cuando nuestras universidades, nuestros ingenieros no podrán fabricar y vender un motor made in Perú?.

2.- Si no podemos inventar, fabricar y vender algo peruano, al menos hagamos transferencia tecnológica, para dejar el mote de simple país exportador de materias primas, debatiendo, investigando, educando y planificando el desarrollo de la industrialización de los recursos naturales competitivos buscando incorporar el mayor valor agregado posible a las exportaciones, en todos los sectores. Seguir el ejemplo de Suiza, Corea, Israel, Hong Kong, potencias económicas con menos recursos que el Perú, Cuba inclusive que exporta cultura médica. Chile con Maviación Comercial y Marina Mercante respetables. ¿Qué nos falta a los peruanos?. Escuelas, Colegios, Institutos, Universidades civiles y militares, profesores que enseñen a fabricar los vehículos, las herramientas para el despegue industrial del país, a partir de la siderúrgica de Chimbote, la metalmecánica de la Oroya y otras industrias, menos doctores y generales. Estudiar a conciencia, aprobar los exámenes sin plagiar o comprar las pruebas. Menos pepes el vivo y criollazos.

3.- Promover la importación de piezas semiacabadas y autopartes que permita el ensamblaje industrial de maquinarias, vehículos motorizados, artefactos eléctricos y electrónicos, bicicletas, triciclos, carretillas, computadoras, muebles de acero quirúrgico, botellas de vidrio, agujas, botones y plástico requerido por los otros campos de la industria, inclusive químico-farmaceutica. Urgente, necesitamos los metal bag, las impresoras y selladoras para el envasado industrial de la gastronomia elaborada con tecnologia intensiva en mano de obra. En el 2013 somos la Primera Potencia Gastronómica y Turística del Mundo, faltan los ingenieros que los envasen o empaquen para souvenir de los turistas nacionales y extranjeros, para que el pescado del mar llegue con sabor, omegas y nutrientes que necesitan las provincias más pobres del Perú.

4.- Como el consumidor más grande de la economía nacional, al amparo de las normas constitucionales y legales contra el monopolio, el Estado, los institutos y las universidades públicas deben redistribuir las oportunidades de incursión de las pequeñas y micro empresas en actividades de industria mecanizada, eléctrica y electrónica que complemente a las grandes empresas como las monopólicas fábricas de colchones Paraíso y Leche Gloria, evitando la concentración de la riqueza en unas cuantas manos.

5.- Integrar e incentivar a las microempresas especializadas con RUC para competir con la gran empresa proveedora de bienes y servicios al Estado, con la compra de capital fijo por el monto de IGV y otros impuestos pagados en el año, ya que en el fincyt no se encuentran todavía los expertos capaces de tomar decisiones en aspectos tan delicados como el desarrollo industrial de la gastronomía, nutrición y alimentación.

Equipo Asesor: Ingenieros, tecnicos, cientificos, profesionales, investigadores, expertos, inventores y talentos peruanos que fugaron del pais por falta de oportunidades y que ahora trabajan en grandes laboratorios o industrias prósperas del extranjero, ejercen la docencia en universidades o centros de investigacion para el desarrollo. Investigadores, docentes y profesionales de las universidades públicas y privadas, voluntarios de la comunidad nacional e internacional. Convocar a los que fueron becados para perfeccionarse en países superdesarrollados y regresar a servir al Perú. Colegios profesionales. Expertos y Profesionales Voluntarios de la comunidad nacional e internacional.

13. DIAGNOSTICAR PRONOSTICAR IDENTIFICAR DEBATIR PUBLICAMENTE EN CABILDO ABIERTO INVESTIGAR ANALISAR EDUCAR CAPACITAR PLANIFICAR PARA DESARROLLAR LA INDUSTRIA CINEMATOGRAFICA Y TURISTICA QUE DESCUBRA RESCATE Y AGREGUE MAYOR VALOR A LOS MULTIPLES RECURSOS HISTORICO CULTURALES Y TURISTICOS DEL PERU.

Síntomas: Lamentablemente por obra de nuestros gobernantes el Perú lleva siglos de atraso en algunos aspectos del desarrollo, por ejemplo el ferrocarrilero, inclusive del transporte urbano en la Capital donde nunca por nunca debió retirarse el sistema de tranvías para abrir el zanjón, lo cual ha sido indudablemente una paralización del desarrollo ferrocarrilero, porque nadie negará que estamos lejísimos de los trenes bala de Europa y China y de la vía férrea submarina que une París con Londres.El tren que sale del Callao, ya debió salir al Atlántico por Brasil. Imaginemos la gran oportunidad turística perdida, cruzando todo el continente.

Con una riqueza histórico-cultural inigualable, con una de las 7 maravillas del mundo, quién sabe más grande que la de las potencias cinematográficas del mundo, el Perú no sale de imitar o franquiciar telenovelas poco trascendentes para la realidad y necesidad del crecimiento y desarrollo nacional, pudiendo imitar a Patriot y Corazón Valiente de Hollywood en lugar de ridiculizarnos conformistamente con los ampay estupidizantes de "Cholywood", sin saber que los países super industrializados nos descapitalizan con todas sus películas, creando oportunidades incalculables para sus empresarios y trabajadores del arte., ficticias muchas veces.

Como los Héroes de Troya, los Faraones de Egipto, los arqueólogos siguen descubriendo la grandeza de los aymaras, chancas, pocras, wancas, mochicas y tantas otras culturas, en algún momento dominados por los Quechuas a imagen de los emperadores romanos, galos, germanos, samurays, cosacos y guerreros del mediano y lejano oriente, aparte de los legendarios personajes bíblicos.

PROPUESTAS:

1.- Crear en todas las Universidades Públicas la Facultad de Industria, Comercio Nacional e Internacional de la Cinematografía, con la cooperación del Sector Privado y los países que lideran el sexto arte con los cuales el Perú ha firmado los TLC, para también ser exportadores, no solamente importadores, de películas por ejemplo "Tupac Amaru" y "6 de Agosto", "La Pampa de la Quinua", "Cahuide"," Olaya", "Los Morochucos", "Los Breñeros", "Operación Chavín", "Ramón Castilla" y tantos otros valores y glorias de la dinámica Historia Patria.

2.- Para el 28 de Julio del 2021, con el apoyo del Estado, la Industria Cinematográfica del Perú debe contar con películas tipo Corazón Valiente sobre Túpac Amaru y Patriot sobre las Gloriosas Batallas Libertarias de Junín y Ayacucho, 2 de Mayo, que eleven la autoestima y desarrollen el concepto de autoría intelectual y compita en el marco de la globalización y competitividad, sacándole el mayor provecho a los tratados de libre comercio. Y, una internacional "A Dios Dominación" para el bicentenario de la independencia sudamericana que impulse la potencia económica, comercial, cinematográfica, financiera y política de UNASUR, aplicando las lecciones de la Unión Europea y Norteamericana.

3.- Profundizar el rescate de la riqueza histórico cultural del Perú iniciado con la Ley 21156 de 27 Mayo 1975 que dispone la enseñanza obligatoria del Idioma Quechua, y la Ley 25260 de 6 de Junio de 1990 de creación de la Academia de Quechua en Cusco, mediante la publicación y distribución gratuita, desde la escuela, de la Biblia, la Declaración Universal de los Derechos Humanos, Constitución, Código Civil, Código Penal, leyes de los poderes del Estado para servir al pueblo, reglamento de tránsito, textos escolares y otras publicaciones de interés nacional en idiomas Español, Quechua, Aymara y Nativo-Amazónicos, con igual interés que por los idiomas extranjeros para capitalizar los avances científicos y tecnológicos de la globalización.

4.- El Estado invocará de vez en cuando a los medios de comunicación social que la libertad de prensa no caiga en el extremo del libertinaje y menos en la burla de la población por sus personajes que al parecer le interesa nomás el rating, a veces deformando y denigrando la personalidad, la identidad y dignidad de las peruanas y peruanos, sus modos de hablar. Es que la Señora Madre (Q.E.P.D.) del autor, de nombre Jacinta, aunque analfabeta y pobre como tantas peruanas indígenas, fue una Gran Mujer que nunca llegó al extremo de la sátira y lujo de los imitadores de la radio y TV, pues con el sudor de su frente, chancunacursha con su chulla hasta la muerte dejó buenos hijos de "siquicha", "cala chaqui", "cala pata", "Llapi Chuco", "pantalón parchao", gracias a Dios, todos "Chamba", derechos y acostumbrados a hacer durar la ropa décadas, con la prédica de la Abuela Rosenda: aunque pobre y parchadito, honrado y limpio, nunca mientas, ni tomes lo que no es tuyo.

5.- Siendo de propiedad del Estado las hondas hertsianas del espacio, contra el predominio de los hechos de sangre, violencia e insinuación sexual, establecer las normas de moderación pertinentes en los noticieros y programas diarios de la TV, propendiendo a espacios que contribuyan a mejorar la honradez, educación, verdad y cultura de la niñez y la juventud en contra de la alienación, reforzando la historia y los valores de la identidad nacional, de las 4 regiones, norte, centro y sur en la prensa hablada, escrita, televisada y virtual del norte, centro y sur de Lima y el Perú. No más sangre ni estupidizantes realities shows del 90.

6.- Crear los fondos necesarios para el desarrollo de la industria cinematográfica a partir de las investigaciones y libros de contenido cultural inspirados en las grandezas del Imperio de los Incas y las culturas anteriores al Tawantinsuyo, sobre los siglos de resistencia y lucha revolucionaria contra la dominación y explotación, libradas por los pueblos sojuzgados en busca de la independencia de casi todos los países sudamericanos, que debería coronarse con la cristalización de UNASUR o EUSA= Estados Unidos de Sudamérica, nueva potencia mundial que anteponga en la balanza los intereses de la región y la humanidad, frente a los intereses expansionistas de las superpotencias.

7.- Crear las condiciones para pasar de un país inquisidor con SUNAT y policía demasiado represoras, a una Nación Escuela de Civismo, Magisterio, Cultura y Urbanidad, comprensión, tolerancia, justicia, paz, armonía, prevención, de personas conscientes de que tienen no solo derechos, sino también obligaciones y deberes para con los demás, aplicación gradual de sanciones, alta autoestima y mentalidad emprendedora y ganadora, con amor a nuestra identidad, a nuestros hermanos de

Bagua, Ashaninkas, Boras y tantas etnias que aún se encuentran en la era de la flecha y el machete, apropiada para enseñarles por lo menos los 10 mandamientos, la biblia, la Declaración Universal de los Derechos Humanos, la Constitución y el Código Penal en su Idioma, antes de apresarlos y condenarlos con leyes desconocidas por ellos, quienes son apreciados guardianes de la Heredad Nacional todavía impenetrable, del turismo histórico-vivencial, en condiciones equitativas, no de explotación.

8.- Reforzar los cabildos abiertos que hagan las veces del Congreso de la Nación a nivel departamental, provincial y distrital para elevar el nivel de cultura política de los pueblos, analfabetos, desempleados, subempleados, adolescentes y jóvenes, niños y ancianos, muchos de ellos desnutridos y excluidos, analizando, diagnosticando, pronosticando con ellos el comportamiento presente y futuro de las variables macroeconómicas y microeconómicas de la economía nacional, en el contexto internacional, el crecimiento, el desarrollo, cifras macroeconómicas, bolsa de valores, econometría, deber de tributar, chorreo, goteo, tipo de cambio, IGV, RUC, Valor Agregado, inflación, deflación, recesión, depresión, exportación, crisis económica, crisis política, incoterms del comercio internacional, importación, aranceles, superávit, déficit, etc. con el apoyo de los colegios profesionales, gremios y sindicatos, universidades y partidos políticos, hasta escribir historias dignas de la cinematografía.

9.- Recuperar la Red de Caminos y Tambos que recorrían los chasquis para mantener interconectados los dominios del Imperio Inka del Tawantinsuyo a nivel de Sudamérica, invitar a los turistas a recorrerlo y revivirlo, aparejados alguna vez por ferrocarriles, carreteras, aeropuertos seguros y competencias de chasquis que revivan el pasado glorioso del Perú, como las olimpiadas y maratones que evocan y perpetúan los orígenes de la cultura occidental.

10.- Contra el crecimiento del individualismo extremo del primer yo, segundo yo y tercero yo, reflejado en los otorongos que ven a la política como negocio, contra las diferentes formas de cleptocracia, corrupción y delincuencia, rescatar y poner en vigencia las leyes del Tawantinsuyo AMA HELLA, AMA SWA, AMA LLULLA, AMA UPA, UYAI, MINKA y otros VALORES desde el hogar y la escuela. No a los elefantes blancos ni a las vacas sagradas, ni a los pepe el vivo, y menos a la prepotencia, al autoritarismo y dictadura, a la autocracia y dedocracia, a la monarquía.

11.- Contra la ociosidad madre de los vicios, inactividad de los niños y jóvenes sobre todo en la ciudad, mientras los padres trabajan, realizar por cuenta del Estado, los motivacionales viajes y excursiones vacacionales de información turística vivencial y cultural, histórico y geográfico, dirigidos a despertar la vocación y amor patriótico, hacer conocer los recursos naturales, pesqueros, ganaderos, agrícolas, forestales, mineros, energéticos, etc. de la mar, la costa, la sierra y la selva del Perú del Norte, Centro y Sur, con apoyo del sistema de seguridad, los colegios profesionales, agencias de viaje y turismo

12.- Desarrollar y democratizar el turismo y excursión cultural geográfico transversal (Mar-Costa-Sierra-Selva) a fin de despertar en los escolares el amor a la Patria y la creación de horizontes de desarrollo futuro, en base a la diversidad de recursos naturales del país, con el respaldo logístico de la Fuerza Armada y la experiencia de la Tercera Edad a la niñez y la juventud. Turismo Transversal de Feriados Largos por cuenta del Estado, para los técnicos y auxiliares de la Administración Privada y Pública que no tienen el mismo poder adquisitivo que los profesionales y directivos.

13.- Transformar lo que fue Canal 7, hoy TV Perú, en TVCINE para impulsar el desarrollo de la industria cinematográfica peruana capaz de competir en el marco de los tratados de libre comercio, abriendo mayores espacios a las riquezas inmateriales de los departamentos más pobres del Perú, protegiendo y remunerando equitativamente la propiedad intelectual, sobre todo en la relación con los EE.UU. primera potencia cinematográfica mundial que merece asociarse con el Perú-Hollywood Natural y promoviendo el acceso del pueblo a los servicios de cable cultural, instalando por lo menos una pantalla gigante y un teléfono público en la plaza principal de los pueblos.

14.- Con los clubes departamentales de la Capital de la República, crear las fundaciones Flor Pucarina y Picaflor de los Andes, Hermanos Dávalos de Arequipa, Chumaichada Amazónica, Akundú Iqueño, Los Sicuri Puneños, Alborada y Cholo Berrocal, Brisas de Acomayo, Jaime Guardia, Los Chankas, Los Pocras, Grupo 5, William Luna, Dina Paucar,

Brisas del Titicaca y tantos exponentes artísticos para darle mayor espacio en los medios de comunicación social, sentido social, concursal y futurista al desarrollo del Folklore Nacional que debe tener una fecha más grande que incluya al Día de la Canción Criolla.

15.- Con Lucho Quequesana, Jaime Guardia, Manuelcha Prado, Juan Diego Florez, profesores Wilfreto Tarazona, Rubén Valenzuela, Víctor Cuadros, Grupo 5, los Hermanos Yaipén, PUCP, OSN y medios de comunicación social, crear orquestas sinfónicas y escuelas de canto, danza, gyms, ballet infantiles y juveniles en las provincias, para impulsar el desarrollo y exportación de arte y artistas peruanos, como se viene haciendo en el Cusco (Ref. Dominical de El Comercio 7 Febrero 2010).

16.- Establecer las Vacaciones Transversales-Culturales para profesores y estudiantes de las escuelas, colegios, institutos y universidades, que permita el conocimiento de los recursos marinos, costeños, andinos y amazónicos, bajo la dirección de los jubilados y el apoyo de abuelos y familiares, con la protección de los uniformados, despertando el interés de replicar y mejorar las actividades productivas empresariales y el amor a la Patria.

17.- Planificar el nacimiento del Festival de Asia a imagen del fenecido Festival de Ancón, Viña del Mar de Chile, Carnaval de Río de Janeiro de Brasil, Love Parade y Maratón del Folklore de Alemania, Wood Stop de Estados Unidos y otros de equivalente importancia en el extranjero, buscando su reedición acorde con el limitado poder adquisitivo del Pueblo de Lima Norte, Lima Sur, Lima Este y Callao; su repetición en las provincias y distritos, por cuenta del Estado.

18.- Crear la Fundación Túpac Amaru, reorganizar y potenciar la Fundación Próceres de la Independencia, el Instituto San Martiniano y Centro de Estudios Histórico Militares con alternancia de profesionales civiles y uniformados en la dirección, para impulsar el desarrollo de la industria cinematográfica y exportación en el marco de los tratados de libre comercio y protección del derecho de autor, sobre las bellas epopeyas de los albores de la independencia nacional y sudamericana y las sucesivas etapas de la historia peruana.

Equipo Asesor y Promotor: Llamar al Premio Nobel Mario Vargas Llosa, Hernando de Soto, Alvaro Llosa, Luís Llosa, Alonso Cueto, Susana Baca, Manuelcha Prado, Claudia Llosa, García Zárate, Luís Repetto, Jaime Urrutia, Gastón Acurio, Bernardo Roca Rey, Mariano Valderrama, Eva Ayllón, Gianmarco, Akundú, Dina Paucar, Tongo, Jean Pierre Magnet, Esmila Zevallos, Amanda Portal, Grupo Alborada, William Luna, Grupo 5, Saiwa, Hnos. Gaitán Castro, Dúo Jaime Guardia-Paquita Miro Quesada, Lucas Borja, Manuel Acosta, Haydee Raymundo, Wallpa Wajay, Víctor Cuadros y tantos valores de la cultura popular, APDAYC, APEGA, Embajador Jacques Bartra del Instituto de Gobernabilidad de la USMP y Escuela de Música PUCP, facultades de cine o comunicación social de las universidades, bancos y empresas. Antropóloga y Odontóloga Dra. Natividad Vásquez del programa Libera tu Mente de Radio Cielo, audición Domingo 16 Setiembre 2012, voluntarios de la comunidad nacional e internacional.

14. DIAGNOSTICAR PRONOSTICAR IDENTIFICAR CUANTIFICAR ANALISAR DEBATIR PUBLICAMENTE EN CABILDOS ABIERTOS LOCALIZAR INVESTIGAR PREVENIR PLANIFICAR EDUCAR Y CAPACITAR PARA LA FORMALIZACION Y DESARROLLO DEL MERCADO NACIONAL E INTERNACIONAL AFRONTAR LAS CONSECUENCIAS DE LOS TLC

Algunos Síntomas: Informalidad, piratería, contrabando, evasión de impuestos, competencia desleal, tráfico ilícito, corrupción, enriquecimiento ilícito. Abandono del comercio en los Andes y Amazonía rurales, no obstante su potencial. Carencia de cultura tributaria. Falta de visión y voluntad de las autoridades y funcionarios por avanzar hacia el desarrollo. Una de las consecuencias de la liberación de impuestos a las importaciones que entrñan los TLC firmados alegremente, sin planificación, es el crecimiento desmedido del parque automotor en las principales ciudades, congestionamiento y caos vehicular, déficit energético, pérdida de horas /hombre de trabajo, entre otras.

PROPUESTAS:

1.- El Estado debe propugnar que los TLC sean fuentes de desarrollo comercial justo y racional, estableciendo el canon automotriz que permita estudiar y planificar la construcción de pistas de 3 pisos que permita la normal circulación de vehículos, en lugar del derogado impuesto a las importaciones. Asimismo, es hora de que nazca la industria automotriz nacional, para esos mercados extranjeros ampliados. Ya no hay pretexto del tamaño limitado del mercado nacional. Desafío para las universidades y capitalistas del Perú y el extranjero. Así como nos devuelven los minerales en forma de computadoras, también nosotros devolvamos automóviles reestrucutados, con carrocerías blindadas y durables a la antigua con recursos que nos sobra en lugar del frágil material sintético

2.- Desarrollar la presencia y transacción de los bienes y servicios de los sectores rurales productivos formales en el mercado y las ferias nacionales e internacionales; asì como impulsar la formalizaciòn del libre comercio fronterizo, revitalizando las "Fronteras Vivas" conectadas a los mercados màs cercanos de ambos lados de la frontera, en el marco de la CAN o de los acuerdos de comercio bilaterales o multilaterales, a fin de reducir la evasión tributaria y el contrabando que ingresan a través de los paìses vecinos, iniciando por el establecimiento de un regimen de preferencias arancelarias a los productos de interés nacional que favorezca la formalizacion y desarrollo de las crecientes microempresas "culebras" y "ormigas".

3.- En lo concerniente a las exportaciones, se pondrà énfasis en el fortalecimiento de las agregadurìas comerciales de las embajadas peruanas, para asesorar y acentuar la presencia de las micro y pequeñas empresas formalizadas y contribuyentes en el mercado exterior, identificando, localizando y conectándolas con las demandas de mercado, orientando a viajes primero como observadoras y luego como vendedoras en ferias internacionales como la Grune Woche-Alemania o Foodex-Japón o Pow Wow-Estados Unidos o SIAL-Francia y China, con financiamiento inicial del Estado. La Cancillería, PROMPEX y PROMPERU adecuaràn su organización y funcionamiento a esta reforma.

4.- Que las embajadas, consulados, agregadurias militares y comerciales no sean el botín de los partidos de gobierno, tampoco el refugio de autoridades decapitadas sino órganos útiles al desarrollo nacional, manejado profesionalmente a favor de nuevas microempresas contribuyentes con RUC y que tengan futuro en el exterior, digamos como franquicia que parece la etapa de mayor efecto multiplicador, sentido al que debe orientarse la carrera diplomática, más que los buenos modales de urbanidad.

5.- Potenciar el comercio exterior mediante la descentralización e integración de Sierra Exportadora, Promperù, Prompex y las Agregadurìas Comerciales de las Embajadas del Perù en los países desarrollados, para ayudar al crecimiento de las microempresas formalizadas con pasaje, alojamiento y alimentación pagados por el Estado la primera vez, para impulsar la participación en ferias, exposiciones, buscar compradores en los "Nichos" del mercado internacional, que ofrezcan oportunidades a los productos peruanos.

6.- En la currícula de la Academia Diplomática, incluir cursos de apoyo al desarrollo de las microempresas en el comercio internacional, particularmente buscando ferias, exposiciones e impulsadores de las ventas internacionales. Procurando llevar a las microempresas formales y tributarias de la gastronomía a su máxima expresión: la FRANQUICIA, la cual supone exportación de recursos de los diversos sectores productivos del

Perú, la misma que desarrollará el envasado industrial, los medios del transporte, el embalaje, la refrigeración, el etiquetado, la certificación, proceso de elaboración según stándares de calidad internacional, entre otros efectos multiplicadores de esta actividad económica.

7.- El Estado regula el desenvolvimiento del libre mercado acorde con la cotización internacional de los precios, evitando el encarecimiento artificial de los alimentos del pueblo, controlando la inflación, cuidando la alteración de las cifras macroeconómicas, procurando que el crecimiento beneficie también a los sectores más deprimidos de la economia y a las provincias más pobres del Perú; neutralizando toda intermediación excesivamente parasitaria a través de la organización de las microempresas productivas en corporaciones que entren al juego de la competencia leal.

8.- A imagen de los centros comerciales de Gamarra y Supermercados, con el modelo de asociación público-privada, capacitar, empresarializar y modernizar las manzanas comerciales de La Parada y el Cerro San Cosme, comprendidas entre las avenidas 28 de Julio, Avenida México, Carretera Central, Avenida Aviación, mercados de Breña, La Victoria y alrededores, principales focos de informalidad, insalubridad, promiscuidad, tugurización, tbc, alcoholismo, inseguridad y contaminación ambiental, evasión tributaria y delincuencia, mediante la expropiación justipreciada para su transformación en conglomerados de microempresas formales con RUC que compitan con los supermercados. Igual procedimiento para los tradicionales mercados y alrededores de las principales ciudades del Perú

9.- Encargar a las embajadas del Perú en los 100 países extranjeros con mayor migración peruana, el liderazgo para celebrar las fiestas patrias con festivales folklóricos, bebidas y comidas típicas de las regiones del Perú, producidas por microempresas formalizadas que prueben estar al día con el pago de sus impuestos, con gastos pagados por el Estado la primera vez.

10.- Los medios de transporte de la Fuerza Armada y Policial deben brindar el apoyo logístico para que las comunidades rurales indígenas y afroperuanas de los andes altinos, de la amazonía y la costa agropecuaria, puedan intercambiar sus productos en las ferias de celebraciones patronales y mensuales que deben organizar las autoridades municipales con el apoyo de sus autoridades regionales y sectoriales.

11.- Siguiendo el ejemplo de los Messe Alemanes, en base a MISTURA y la fenecida FIP, crear el Sistema articulado de ferias multisectoriales de nivel distrital, provincial, regional, nacional e internacional que impulse la formalización y el desarrollo de las microempresas rurales que produzcan alimentos sabrosos y nutritivos, libros, inventos de herramientas y equipos, productos exportables y franquiciables y tributen en las 4 regiones del Perú: Mar, Costa, Sierra y Selva.

Equipo Asesor: Cámaras de comercio de países extranjeros, nacionales, mixtas, regionales, provinciales y distritales, ADEX, COMEX, APEGA, PROMPERU, Sierra Exportadora, OMC, RREE, universidades, colegios profesionales, empresarios y voluntarios de la comunidad nacional e internacional.

15. DIAGNOSTICAR PRONOSTICAR IDENTIFICAR LOCALIZAR ANALISAR CUANTIFICAR DEBATIR PUBLICAMENTE INVESTIGAR PREVENIR PLANIFICAR EDUCAR Y CAPACITAR PARA EL DESARROLLO SOSTENIBLE DEL SISTEMA NACIONAL DE TRANSPORTE

Síntomas: transporte terrestre urbano altamente contaminante, incómodo y caótico: interprovincial con muchos accidentes. Transporte marítimo y aero comercial de bandera hundidos por la corrupción pública, el conformismo y la incapacidad empresarial del capital peruano para racionalizar e invertir en proyectos que desarrollen la competitividad y globalización del Perú. Lento desarrollo y mantenimiento de la infraestructura vial.

PROPUESTAS:

1.- Como en Alemania y Estados Unidos, contra el creciente congestionamiento y la contaminación ambiental, la planificación a largo plazo del transporte masivo de las megaciudades como Lima, debe considerar que la dinàmica rutinaria humana que sale del hogar y se inicia en la periferia a piè, debería continuar en bicicleta (encargable al Puesto de Seguridad Integral del Paradero) o taxi-cholo, para apearse al bus que debe conectarse con el tranvía que trasborda sus pasajeros a los trenes aèreos, subterràneos y de superficie que atraviesen la ciudad de Norte a Sur, de Este a Oeste (hasta el puente submarino Isla San Lorenzo-La Punta, similar al expreso París-Londres o las vías subfluviales que cruzan los ríos Elve y Hudson), los cuales deben interconectarse con los Mega Puertos del Callao, Norte y Sur, megaterrapuertos de Lima Norte, Sur y Este; los aeropuertos internacionales de Lima, Huacho, Pisco y Jauja- parecidos al de Kennedy, Guardia y Newak de Estados Unidos, más aún si entre Lima y Callao vive cerca de la tercera parte de la población nacional.

2.- La explosión demográfica de las principales ciudades de la Costa, la Sierra y la Selva, sobre todo las nuevas y futuras, el aprecio y respeto de los derechos humanos, exige una ingeniería capáz de diseñar y gobernantes visionarios que ejecuten las pistas de alta velocidad, de puentes sobre el Río Rimac y baypasses que conecten amplias avenidas con parques y jardines a los costados, bosques y alamedas al centro, amplias veredas peatonales, ciclovías, calzadas con carriles de baja, media y alta velocidad, todas conectadas a las carreteras, ferrocarriles, puertos, aeropuertos y terrapuertos nacionales e internacionales. Sobre ellos, el gigante y ecológico Autobús a Horcajadas 3D que viene desarrollando la empresa china Shenzhen Huashi Future Parking Equipment. Pistas subterráneas para vehículos pesados, de superficie para livianos y aéreos para los automóviles, como en Miami.

3.- Como Alemania, China y Cuba, comenzando por las autoridades de gobierno, poner énfasis en el uso de bicicletas y ciclovìas para el transporte urbano, con la ventaja de ahorrar, tiempo, dinero, combustible que exportábamos y aliviar la contaminación ambiental, racionalizando la conducta exageradamente individualista, metalizada y materialista de los distritos residenciales que han olvidado las veredas para la gentes, cambiando la mentalidad de que todos quieren su auto por todos quieren una industria, con la ventaja de impulsar el desarrollo industrial y el deporte pedestre, acorde con la realidad socio-econòmica del paìs. Si les sobra dinero por la bonanza económica del país, invertir más en ciencia, en tecnología, en industria, en bienes de capital productivo. Los importadores de autos y griferos, no solamente competir para llenarse los bolsillos y celebrar las millonarias ventas y ganancias de los importadores de autos que les permite los TLC, sino que tambien deberian pensar en pistas aereas y subterráneas, crear también la industria automotriz competitiva.

4.- Rematar los tractores, vehículos civiles y militares de transporte marítimo, aéreo y terrestre que habiendo caído en desuso y abandono ocupan locales inmensos, destinando el producto de su venta a la microindustrialización de alimentos que sirvan para mejorar la nutrición materno infantil en los departamentos más pobres del Perú, o sentar las bases para la industria automotriz con las piezas duraderas. Por favor, no a la propuesta brutal de incinerar los depósitos de vehículos no reclamados. Por lo menos ensamblar algunos vehículos de segunda mano con autopartes salvables y no contaminantes, antes de venderlos como chatarra a las fundiciones, para dar crédito blando pro techo a los sin casa.

5.- Frenar la racha de accidentes en las carreteras interprovinciales de alta velocidad y doble vía monocarril, iniciando la construcción de autopistas tipo Berlín-Hamburgo,

Miami-New York, Lima-Pucusana, con por lo menos autovías independientes de triple carril de ida y triple de vuelta. Es hora de crear institutos y facultades de universidades de conductores de vehículos motorizados de transporte público terrestre, ferrrocarrilero, aéreo, marítimo y fluvial, para minimizar los accidentes. Que el brevete sea profesional no solamente de nombre, si no con jerarquías de técnico, profesional y directivo, como cualquier carrera profesional. Como en Estados Unidos, la legislación debe reconocer cada 5 años de práctica y experiencia como un año de estudios universitarios, para los que se gradúen con praxis en la Universidad de la Calle.

6.- Iniciar el desarrollo del sistema de transporte multimodal transversales y longitudinales que fortalezca la integración física y complementación económica de América del Sur, con el estudio de los proyectos a largo plazo interoceánicos del Pacífico al Atlántico: desde los puerto de Paita, Callao y Matarani, a las carreteras, ferrocarriles y puertos de Brasil, Uruguay y Argentina, para exportar los productos de la biodiversidad peruana hacia los continentes de Asia, Europa y Africa, pasando por Ecuador y Bolivia. Contaminar menos la Pacha Mama y desarrollar el turismo internacional más allá de Tacna-Arica y Tumbes-Machala, con un ferrocarril longitudinal del Pacífico Chile-Perú-Ecuador-Colombia-Panamá, para el 2021. Despues, de polo a polo, que interconecte las 3 américas: Sur, Centro y Norte.

7.- Apoyar a los inversionistas privados peruanos, para el renacimiento del servicios de transporte de carga y pasajeros, terrestre, ferrocarrilero, aéreo, marítimo, fluvial y lacustre de bandera nacional, en condiciones que exigen la competitividad y globalización, lo cual demandará patriotismo, sacrificio, austeridad, profesionalismo, eficiencia y alta visión empresarial para el corto, mediano y largo plazos, no solamente lucro individual desmedido. Corrección de los errores del pasado para acceder a las ventajas del transporte propio que juegue un rol importante en el comercio y turismo internacional, la importación y exportación, sobre todo ahora en que se considera al Perú como país emergente, con galardones en el turismo y la gastronomía.

8.- Si vamos camino del fortalecimiento de las relaciones armoniosas peruano-chilenas, por qué no llamar y organizar a los empresarios más ricos del Perú y Chile para crear la Binacional de Turismo Ferrocarrilero que le de vida al Centenario Ferrocarril Tacna-Arica: Capital Ocioso que sigue durmiendo, como si no hubiera el tren bala entre Francia y Alemania.

9.- Con un sistema de transportes bicicletas, taxi-cholos, custers, omnibuses, tranvías, metros y trenes eléctricos conducidos por pilotos profesionales de la periferia a los centros de las grandes ciudades aliviaríamos la contaminación ambiental y las consecuencias de los paros de transportistas. Y, con helicópteros o aviones militares que aterricen en las carreteras o pampas, deberíamos saltar los árboles tumbados que atraviesen las carreteras por las protestas o las llamas de llantas quemadas por la psicología de la violencia de masas a veces irracionales y politizadas.

10.- Es hora de que las megaciudades interandinas o de rascacielos, alivien sus problemas de contaminación, pérdida de miles de valiosas horas/hombre y stress, en perjuicio de la atención de los hogares, no solo mediante el uso creciente de bicicletas, sino también con la introducción de helicópteros civiles y teleféricos que ya usan Colombia, Chile y Bolivia.

Equipo Asesor: Llamar al Ing. Gonzalo Prialé y todos los exministros de transportes y del interior, ex-alcaldes, aviadores, lobos de mar y asociaciones de choferes y dirigentes del parque automotor del Perú, CANATUR, empresarios voluntarios nacionales y extranjeros. Organizaciones empresariales, cooperación nacional e internacional. Universidades, colegios profesionales, expertos nacionales y extranjeros.

16. DIAGNOSTICAR PRONOSTICAR IDENTIFICAR LOCALIZAR ANALISAR CUANTIFICAR DEBATIR PUBLICA Y DIALECTICAMENTE INVESTIGAR PREVENIR PLANIFICAR EDUCAR Y CAPACITAR PARA LA MODERNIZACION Y EL DESARROLLO EQUITATIVO DEL SISTEMA NACIONAL DE TELECOMUNICACIONES

Síntomas: uso de tecnología obsoleta y vulnerable para la seguridad nacional y la presecución del narcoterrorismo. Concentración de dominio sobre el espacio radioeléctrico en unas cuantas manos y familias que generan poder e influencia en los destinos del país, peor si hay dictadura y corrupción. Falta de acceso de las grandes mayorías a los medios avanzados de comunicación, particularmente al interior y periferia del país que reciben más señales de los países vecinos que del mismo Perú. Seguimos enfrascados en las vulgaridades de los programas cómicos, sin un mínimo fin educativo. Los circos de Roma tenían algo más que el entretenimiento. El chollywood que debería reemplazar el chisme barato por el chiste, con algo de educación y cultura y no de libertinaje. Casi todos los medios de telecomunicación, los noticieros, inician pasando los hechos de sangre, desgracia, violencia diaria, delincuencia. Escandalizan la corrupción, sin proponer como erradicar o disminuir.

PROPUESTAS:

1.- Siendo el de las telecomunicaciones por excelencia el campo de la Tecnología de Punta en el que se pueden dar los cambios y aportes más avanzados y rápidos para el crecimiento y desarrollo, el país no puede darse el lujo de no darle prioridad para la promoción de los valores de la identidad y cultura nacional, dar oportunidad a las obras de autores de todas las épocas y latitudes del Perú. Enseñar las ventajas del Internet y cine, la propiedad intelectual y artística desde la Primaria, con la cooperación de la Iglesia, tambien a favor de la poblacion excluida. Abriendo la Facultad de Ingeniería de Telecomunicaciones en todas las universidades públicas en libre competencia con las universidades particulares.

2.- Contra el excesivo espìritu de lucro y rentabilidad de las transnacionales como Telefònica, que mejor no publique las guìas telefònicas con letras cada vez más invisibles a los ojos de la Tercera Edad, exigir un respeto y consideración de los derechos humanos con el uso de letras de mayor tamaño que hagan legibles las guìas, sobre todo las amarillas para guiarse en la ubicaciòn de las calles, negocios y servicios públicos. Lindo negocio sería enseñar internet a la tercera edad, para que busquen su autoempleo y no estemos mendigando las migajas del Estado.

3.- Subsanar los errores de los apresurados negocios realizados en la decada del 90, como el remate de telefónica, alentando el ingreso al Perú de tecnologías de punta de los países superdesarrollados a competir con el monopolio de telefónica en ventajas, precios y multiusos que rebajen los costos en favor del consumidor peruano, de la ciudad y el campo. Como en Paterson, con un solo pago para teléfono, celular, cable e internet privado. Por lo menos un multiservicio público de telecomunicaciones, en cada uno de los 2 mil distritos del Perú, para los pobres y pobres extremos.

4.- Impulsar el establecimiento de bibliotecas públicas virtuales en las iglesias y los centros educativos de las comunidades afroperuanas e indígenas excluídas de las zonas fronterizas, amazónicas, andinas y costeñas, abriendo las facultades de Ingeniería Electrónica y telecomunicaciones en las universidades públicas provinciales para garantizar la presencia de las telecomunicaciones en los lugares recónditos de la Patria. Enseñar nociones de dichas profesiones desde la escuela, el colegio y los institutos, como la pesquería, ganadería, agricultura y forestación empresarial.

5.- Siendo las ondas hertsianas del espacio de propiedad del Estado que está hecho para el bienestar de los 30 millones de peruanos, crear los institutos y facultades de Ingeniería y Tecnología de Telecomunicaciones en las universidades públicas que sean capaces de crear competencia contra el dominio de unos cuantos grupos de poder que excluyen la historia, la tradición, los valores culturales y el rico acerbo cultural del país, programas que coadyuven a la solución de los principales problemas de la República. Que no regresen más los lenguajes vulgares de los estupidizantes realities.

6.- Es inconcebible que también Radio Nacional y TVPERU sigan todavía alienando a los peruanos, prestando mayor atención al arte y la música extranjeras, cuando por lo menos el 51% de sus espacios deberían dedicarse a promover la riqueza histórica y cultural, el canto, el arte y los valores nacionales, particulamente investigar y difundir el rico acervo cultural y folklórico de los Andes y Amazonía.

7.- Radio Nacional, El Peruano, TVPerú, TVCine, debería desconcentrarse a las 200 provincias, a fin de romper el centralismo e inconcebible monopolio del Estado, abriendo más el abanico de oportunidades también para las peruanas y peruanos más allá de la Capital, en la prensa hablada, escrita, televisada y virtualizada.

Equipo Asesor: Llamar a la experta en seguridad de comunicaciones virtuales Maité Vizcarra, la UNI, CONFIEP, Colegio de Ingenieros Electrónicos, Facultades de Ingeniería Electrónica y Ciencias de la Comunicación de las Universidades públicas y privadas, la Asociación de Radio y TV, profesionales y técnicos volunarios de la comunidad nacional e internacional, universidades, colegios profesionales, gremios y sindicatos.

17. DIAGNOSTICAR PRONOSTICAR IDENTIFICAR CUANTIFICAR ANALISAR LOCALIZAR DEBATIR ABIERTA DIALECTIVA Y PUBLICAMENTE INVESTIGAR PREVENIR EDUCAR CAPACITAR PLANIFICAR PARA EL DESARROLLO DE LA VIVIENDA URBANA Y RURAL

Síntomas: Déficit habitacional. Calles estrechas e inseguras, tugurios, promiscuidad, invasiones, desorden, olvido, techos y paredes de plástico y estera, sin agua potable, desagüe, ni tratamiento y uso de aguas servidas, complicada por el centralismo y la imparable migración del olvidado campo a la ciudad del ensueño, a pesar del boom de construcciones de condominios y edificios modernos. Distritos residenciales sin veredas ni vías peatonales.

PROPUESTAS:

1.- Contra los tugurios (como las cuevas y subterráneos de San Cosme-Foco del mayor índice de TBC del Perù), callejones de un solo caño y baño, casonas vetustas, viviendas y edificios abandonados como el Crillòn y Tacna, comprometer a los colegios profesionales e inversionistas para convertirlos en urbanizaciones o inmuebles modernos, habitables y atractivos para las actividades econòmicas, comerciales y turìsticas propias del medio, recuperando y forestando retiros, para ensanchar las vías, jardines y los parques-pulmones de la ciudad contra la contaminación. Recuperar, ensanchar y empedrar las veredas como en New York.

2,- En base a las trágicas experiencias de los terremotos de Ancash e Ica y las inundaciones de la amazonía, desarrollar sistemas permanentes de prevención antisísmica para los desastres en la mar, la costa, la amazonía y los andes, bajo la dirección del Sistema de Seguridad Integral, de los colegios profesionales y del sistema educativo, a fin de amenguar los efectos de la destrucción y los sufrimientos de la población ocasionados por los fenómenos de la naturaleza, aplicar la fórmula de alquiler venta con interés cero para la reconstrucción, en lugar de acostumbrar al paternalismo estatal a veces imposible de cumplir, en su mayoría origen de parasitosis social y corrupción.

3.- Contra la proliferación de las invasiones crónicas, en base a la consolidación de las necesidades de vivienda para los migrantes más pobres que se refleja en los censos actualizados sobre déficit de viviendas, organizar la ocupación planificada del territorios eriazos de la costa, con ayuda de los colegios profesionales, las universidades y municipios, persiguiendo toda forma de ocupación ilegal y tráfico delictivo de terrenos, enriquecimiento ilícito y corrupción. Multiplicar el trabajo de COFOPRI para la formalización y titulación de la propiedad, para hacerlos sujeto de crédito hipotecario.

4.- Modernizar la quincha de los callejones de un solo caño, mediante amplios condominios antisísmicos y seguros que aprovechen los aires para la propiedad horizontal, mediante préstamos hipotecarios blandos y colectivos sobre los inmuebles deteriorados e inseguros de la ciudad, así como los abandonados por los migrantes del interior del país que retornen a invertir profesional y empresarialmente, antes de que se derrumben por efecto del abandono y las lluvias anuales, perfeccionando el sistema de alquiler venta que alcanzó éxito en la Década del 70 en conjuntos habitacionales como Tupac Amaru de La Victoria.

5.- Investigar, perseguir y sancionar la indebida duplicidad y triplicidad de la propiedad de viviendas de interés social, producto de la inmoral e insensible "viveza criolla". Depurar de la Lista FONAVI a aquellos servidores y ex servidores del Estado que ya cuentan con viviendas familiares de interés social, fiscalizar la duplicidad o triplicidad indebida dentro de los programas de vivienda de interés social promovidos por el Estado, frenando toda evasión tributaria y ambición desmedida.

6.- Contra el creciente déficit habitacional y el elevado costo del crédito inalcanzable para los pobres y extremadamente pobres, reimplantar el sistema de crédito social de alquiler-venta de viviendas que garanticen las condiciones humanas mínimas de habitabilidad de los tiempos de tecnología en que vivimos. A la población no se le puede privar de una vivienda con un ambiente de internet y estudio, donde los seres pensantes puedan reflexionar, filosofar, pensar y escribir los planes para solucionar sus problemas, no solamente atender las necesidades elementales de cocinar, comer, y dormir.

7.- Al ritmo del fenómeno migratorio de los más pobres de los pobres del campo a la ciudad, de los andes a la costa y amazonía, capitalizar, formalizar y canjear las viviendas e inmuebles libres del Estado invadidos por los que abandonan los migrantes en sus lugares de origen para destinarlos a proyectos de desarrollo empresariales y contribuyentes, frenando la concentración de riqueza en manos de nuestros hermanos pseudo pobres sin conciencia tributaria. Perfeccionar la disciplina del ahorro pro casa propia financiada por el sistema Alquiler-Venta de condominios para las familias menos solventes, apoyado por la hipoteca de inmuebles dejados en su lugar de origen.

Equipo Asesor: comprometer a colegios de arquitectos e ingenieros, universidades, ex funcionarios de las mutuales de vivienda, profesionales voluntarios de la comunidad nacional e internacional, profesionales y jubilados que se beneficiaron con los programas de interes social de San Felipe, Tupac Amaru, Limatambo, Apolo. Ex funcionarios de las mutuales de vivienda, exministros y directores de planificacion de desarrollo habitacional, especialmente al Ingeniero Sanitario Marcelino Ramirez y al ex Alcalde Michel Ascueta, gestor del bosque-laguna en el arenal del desierto de Villa Salvador, con aguas servidas tratadas, para liderar similares proyectos que mejoren la calidad de vida en Sicaya y otros distritos que necesitan frenar la contaminación de los manantiales, riachuelos, ríos, tierras de cultivo y atmósfera del Valle del Mantaro, con la cooperación del Reino Unido, Francia, Israel y Dubai.

18. DIAGNOSTICAR PRONOSTICAR IDENTIFICAR EVALUAR ANALISAR DEBATIR DIALECTICA Y PUBLICAMENTE EDUCAR CAPACITAR PLANIFICAR Y FINANCIAR LA INVESTIGACION INVENCIÓN E INNOVACION CIENTIFICA Y TECNOLOGICA PARA EL DESARROLLO

Síntomas: A pesar de ser clave para la industrialización y en general para el desarrollo en los diferentes sectores de la economía nacional, demostrado por potencias económicas como Alemania, Japón, Suiza, Israel, Estados Unidos, el campo de la investigación, planificación, invención e innovación científica y tecnológica han sido ignorados por la mayoría de los gobiernos del Perú. En parte nuestro subdesarrollo y atraso es debido a esta situación que debe cambiar, yendo de lo meramente teórico a su aplicación práctica y rentable, productiva, comercial y tributaria.

PROPUESTAS:

1.- A imagen de las vías de transporte submarino París-Londres, subfluviales de Elbe y Hudson, asociarse con Inglaterra, Francia, Alemania y Estados Unidos para realizar las investigaciones y los estudios de construcción por el sector privado de un teleférico o puente aéreo y otro submarino de La Punta a la Isla San Lorenzo del Callao, un moderno complejo multisectorial en la isla, que impulse el turismo nacional e internacional, ayudando a destugurizar el Puerto y alrededores con miras a por lo menos 100 años del futuro. Seguir el ejemplo del proyecto de Canal Chino en Nicaragua que competiría con el de Panamá.

2.- En cada provincia por lo menos un Instituto y Universidad Pública con suficientes recursos y facultades de investigación, innovación, invención científica y tecnológica para el desarrollo integral, formación de empresarios de nutrición, biología, industrias alimentarias, gastronomía y turismo, protección ambiental, agricultura, ganadería, acuacultura, pesquería, desarrollo forestal, minero, hidráulico y especialidades ecológicas indispensables para transformar en riqueza los recursos naturales propios del lugar y vender al Estado Peruano.

3.- Apoyar iniciativas privadas de investigación para el desarrollo y gestión como las del Quijote Incomprendido Modesto Montoya, así como las Becas de Retorno de Talentos como la Bióloga Fabiola León Velarde Servetto de la Universidad Cayetano Heredia, cuya realización profesional motiven y posibiliten las investigaciones, invenciones e innovaciones científicas y tecnológicas que impulsen los proyectos de desarrollo nacional. Y los científicos de éxito que no quieran regresar a pesar de haber sido becados por el Perú, por lo menos que regresen a dictar conferencias en Fiestas Patrias, Navidad y Año Nuevo.

4.- Investigar la multiplicación integral del modelo de turismo y producción económico-ecológico de la "Casita Blanca" de Lurín a nivel nacional, particularmente a las provincias más pobres del Perú, carentes de energía eléctrica, sin descartar las alternativas de energía eólica y solar, invocando el rol protagónico de los hijos del pueblo que migraron y alcanzaron éxito y vegetan su valiosa ancianidad en la Capital o el extranjero.

5.- Investigar y recuperar la maravillosa Red de Caminos y Tambos que recorrían los chasquis para mantener intercomunicados los dominios del Imperio Inca del Tawantinsuyo a nivel de Sudamérica, invitando a los fondistas y formando los chasquis modernos para guiar a los turistas deportivos y caminantes que buscan la aventura de recorrerlo y revivir los tambos de los chasquis y el maravilloso pasado histórico peruano.

6.- Desarrollar la mentalidad investigadora, crítica, constructiva, positiva, analítica, creativa, solucionática, inventiva y productiva-empresarial de los peruanos, desde la Escuela, colegio, instituto y universidad, hasta la creación de ferias anuales de inventos y asistencia a ferias de inventos en el extranjero.

Equipo Consultor: Ing. Incháustegui (Rector de TECSUP), Ing. Modesto Montoya, Psicoanalista Jorge Bruce, Sociólogo Luís Repetto, Chef Gaston Acurio, Escritor Marlo Vargas Llosa, Alonso Cueto, Santiago Antunez de Mayolo Rynning, Leòn Tratenberg, Adriana Antúnez de Mayolo, Mùsico Miguel Harth Bedoya (www.filarmònica.com) y los líderes elegidos por el Magisterio, Ex Ministros de Educación, universidades públicas y privadas, voluntarios calificados de la comunidad nacional e internacional, investigadores, científicos, tecnólogos, inventores, ADEX y cámaras de Comercio del Perú y el Mundo.

19. DIAGNOSTICAR PRONOSTICAR IDENTIFICAR LOCALIZAR ANALIZAR DEBATIR DIALECTICA Y PUBLICAMENTE INVESTIGAR EDUCAR CAPACITAR PLANIFICAR PREVENIR Y PROMOCIONAR LA ACTUALIZACION QUINQUENAL DE UNA ADMINISTRACION PUBLICA QUE FACILITE EL DESARROLLO NACIONAL

Síntomas: El Sector Público da la impresión de que pierde todos los juicios porque lo defienden los peores abogados que permanecen en sus puestos pierdan o ganen, mientras que en el Sector Privado los profesionales son descartables según los resultados. Igual, los patrulleros y vehículos asignados a las autoridades y funcionarios públicos no son cuidados con el esmero de los propietarios particulares. ¿Es el Estado un mal empresario?. Aquí sostenemos que el que está fallando es un factor clave: el Capital Humano. Tramitología frondoza que frena la inversión y el desarrollo, proclive a la corrupción que encarecen los costos.

PROPUESTAS:

1.- El dinero del Pueblo, exige mejorar la tecnificación y profesionalización de los servidores de la Administración Pública, haciéndola más científica, democrática, empresarial y promotora, evaluable y actualizable permanentemente, dentro de una carrera, organización y disciplina similar a la de los militares, en todos los campos y niveles de la administración de los Poderes del Estado.

2.- Corresponde a la SUNAT abrir una ejemplar investigación para dar conformidad al grado de tributación de los expresidentes de la República y de las Regiones, Ministros, Legisladores, Magistrados, Generales y los más altos cargos de gobierno, sobre el patrimonio legalmente acumulado durante el ejercicio de la función pública, a fin de descartar cualquier signo de evasión tributaria u otra forma de enriquecimiento ilícito. También a los peruanos considerados por la revista Forbes entre los más ricos del mundo.

3.- Analizar, racionalizar y simplificar la tramitología estatal contra la depredación de especies en extinción, con actitudes menos pasivas, pesimistas, conformistas y centralistas, impulsando por ejemplo la organización y adiestramiento de rondas campesinas y el otorgamiento oportuno de licencias de armas contra el exterminio de las vicuñas, como la ocurrida en Enero del 2009 en la Comunidad Campesina de Cajabamba-Apurímac.

4.- La experiencia nos demuestra que la Administración Pública tiene en los partidos políticos y el Sistema Educativo sus fuentes de provisión de trabajadores manuales e intelectuales. Siendo así la realidad, el origen de las mentadas deficiencias de la Administración Pública tendremos que buscar, encontrar y solucionar en ambas fuentes de corto, mediano y largo plazo.

5.- Contra la improvisación de candidatos de última hora que hacen tanto daño al país, al ver la política como negocio para recuperar el doble o el triple de su inversión de procedencia dudosa, si no es quedarse hasta regresar millonario, todo partido político que aspire gobernar el nivel nacional, regional, provincial y distrital de la Nación, tendrá que hacer conocer sus proyectos por lo menos 12 meses antes de postular, para que el pueblo elector pueda emitir un voto suficientemente informado, bajo la rectoría del Sistema Electoral.

6.- Contra la falta de cuadros, la improvisación, el oportunismo, nepotismo y corrupción, los partidos políticos deben ser escuelas de civismo, de patriotismo y vocación de servicio público, donde se formen los cuadros políticos no solamente para dirigir el desarrollo de la organización partidaria y conseguir un puesto en la administración pública, sino lo que es más importante, forjar cuadros de líderes titulares y suplentes para postular y ejercer los cargos de Presidente y Vicepresidente de la República, Congresistas, Ministros, viceministros y funcionarios de confianza y alta responsabilidad, capaces de dirigir con éxito el desarrollo de la Nación, a través de los sectores interconectados, cuando ganen las elecciones.

7.- Poner fin a los partidos políticos inactivos, descartables, sin sede social conocida por el público. A Dios a las combis políticas y a los vientres de alquiler que están ausentes en la lucha ideológica permanentre para enfrentar los conflictos y a los movimientos extremistas, cuyos oportunistas, tránsfugas y pepes el vivo hacen tanto daño al país y a la democracia con su aparición sólo para las elecciones. Los puestos de gobierno deben ser culminación de una carrera política iniciada desde las bases de la sociedad y no el privilegio de algunas congresistas que van a dormir, entornillarse y hacerse millonarios (as) en el puesto restando oportunidades a las generaciones jóvenes de hombres y mujeres. ¿Qué producen a cambio de los millones?, con lo que se llevan podría aliviarse la situación del Pueblo en Ticlio Chico.

8.- Contra la insuficiencia de cuadros técnico-políticos especializados por sectores, cada Partido Político debe tener escuelas no solamente de líderes y oradores, sino formar potenciales regidores y alcaldes distritales, regidores y alcaldes provinciales, consejeros y presidentes regionales, congresistas, ministros, asesores, expertos en evaluación, formulación, ejecución y seguimiento de proyectos de crecimiento y desarrollo con inclusión social y económica, cuadros directivos, profesionales y técnicos.

9.- Contra la confusiòn en la población creada por la dictadura de las especulaciones e insinuaciones prematuras y parcializadas de las encuestadoras y medios de comunicación social, debe quedar claro que los candidatos a la Presidencia de la Repùblica deben ser resultados del ejercicio democràtico de elecciones primarias al interior de los partidos polìticos supervisados por la ONPE y transparencia, en igualdad de condiciones. Basta de organizaciones políticas sin trayectoria histórica o simples vientres de alquiler o de agrupaciones oportunistas que solo existen en el papel.

10.- Los partidos polìticos en el paìs deben ser escuelas destinadas a formar cuadros no solamente para dirigir la organización partidaria, sino lo que es màs importante, cuadros propios de titulares y suplentes, de ministros, viceministros y funcionarios de confianza para dirigir con éxito los destinos de la Gran Naciòn en los diferentes campos y sectores de los poderes del Estado y no tener que gobernar con profesionales prestados, improvisados, tránsfugas y oportunistas.

11.- La Estabilidad Polìtica de la Democracia del Perù requiere de partidos polìticos fuertes, reconocidos y no de organizaciones improvisadas de ùltima hora y descartables que desaparecen o se metamorfisan después de cada proceso electoral, sin domicilio pùblico y legal conocido ni renovación periòdica de sus cuadros dirigenciales. Deben presentar candidato a la Presidencia de la Repùblica después de por lo menos un proceso electoral. No al transfuguismo y al vientre de alquiler.

12.- Encargar a los colegios de abogados y facultades de Derecho y ciencias políticas de las universidades, la evaluación y verificación de la vigencia de los tratados internacionales, las leyes, resoluciones legislativas, decretos supremos y resoluciones supremas de la República, generadores de las obligaciones y derechos de los ciudadanos, la racionalización y sistematización de las mismas, para su distribución en todos los hogares y centros educativos, con el apoyo de los pensionistas, reforzando la educación cívica del Pueblo.

13.- Poner fin al nepotismo, transfuguismo, oportunismo, ventaja de la plutocracia y "vivesa criolla". Parar el acceso improvisado y directo a los puestos de gobierno local, regional, congresal y nacional, establecer una Lìnea de Carrera Polìtica desde las Bases, donde los lìderes aprendan primero a producir y luego a dirigir desde los puestos de nivel vecinal, comunal y distrital, antes de aspirar sin autoridad moral a los puestos de gobierno de nivel provincial, regional y nacional, como culminaciòn de la Carrera Polìtica a la que tiene derecho todo peruano, desterrando cualquier reelecciòn inmediata en el Perù sinònimo de abuso de poder y corrupción, proyectàndose los honestos y exitosos màs bien hasta el nivel andino, sudamericano, americano y mundial. Nunca más la re-reelección del 90. Asì, evitaremos el festín del botín y los saltos con garrocha de los improvisados hijos y nietos de congresistas y presidentes corruptos, que aparezcan en los altos puestos de gobierno sin saber leer ni escribir. Que aprendan primero a ganarse el pan del día y educarse con el sudor de su frente y no con el dinero malversado del Pueblo.

14.- Por razones económicas, prácticas y de mayor gobernabilidad, planificar las Elecciones Generales en tres fechas mensuales contínuas que se inicie con las nacionales, continúe con las regionales y concluya con las municipales, mientras no se cambie por un sistema de carrera política desde la base. Frente a la complejidad y multiplicidad de los problemas internos del Estado, la Plancha Presidencial debe contar con equipos de asesores técnicos de la mar, costa, sierra y selva norte, otros tantos de las macrorregiones Centro y Sur. Similares, equipos asesores de profesionales peruanos residentes en los cinco continentes, como el Prof Ramiro Rodriguez Leiva de la Universidad de Berlín-Alemania, Andrés Romero Vilca de New York-Estados Unidos.

15.- ¿Acaso no hay cuadros dirigenciales para relevar a congresistas que pasan toda su vida en las teorizaciones de los recintos del Congreso, sin saber lo que es bajar al llano y salir al campo de la producción manual o intelectual en por lo menos 200 provincias?. ¿Qué leyes sabias pueden dar si viven aislados de la realidad, si no conocen las necesidades del Pueblo?. Además, restan oportunidades a otros peruanos. Nunca más reelección inmediata, menos si no ayudan a resolver los conflictos crecientes, refugiados en el congreso, dejando algunas veces solitario al Poder Ejecutivo

15.- Contra los descontrolados autoaumentos de ingresos de los congresistas y altas autoridades de los otros poderes del Estado, crear la Asamblea Nacional, Regional, Provincial y Distrital del Pueblo, que junto con la Asociación de Contribuyentes e instituciones representativas del Pueblo rescaten el Cabildo Abierto para conocer, transparentar, debatir y frenar los abusos de poder. Para postular a cualquier puesto de gobierno, deberán tener en el Perú más del 60% de sus capitales, no como algunos que lo tienen en Estados Unidos. Suiza y quién sabe en los paraísos fiscales, pareciendo por lo tanto trabajar para potencias extranjeras, interesándoles solo su enriquecimiento personal desmedido.

16.- Como a la Presidencia de la República, todo candidato al congreso debe postular con un plan de desarrollo que dará lugar al plan de corto, mediano y largo plazo del Poder Ejecutivo y del Congreso de la República. Como ocurre en los poderes ejecutivo y legislativo, las autoridades del Poder Judicial y del Poder Electoral deben también ser elegidos por voto popular secreto, directo y universal. Y, los costosos entes electorales deben constituirse por el tiempo que duren las elecciones, cada vez que estas se realicen, dejando un mínimo de burocracia de estudio y desarrollo permanente.

17.- Para postular a los cargos de Presidente de la República, Congresista y Vocal de la Corte Suprema, los candidatos deben primero demostrar que no llevan una vida parasitaria, aprender a producir lícitamente para autosostenerse con la suya ganada honestamente y ser tamizados a través de la Carrera Política desde las bases, es decir desde el nivel vecinal, distrital, provincial y departamental, así llegarán los más capaces y menos sinvergüenzas a los cargos nacionales, así habrá menor corrupción y se respetará el dinero de los contribuyentes que pertenece al Pueblo

18.- También Perú tiene derecho a tener un Presidente parecido al descendiente de migrante Obama, personificación de la dignidad, tenacidad, humildad, consagrado por la democracia modelo del mundo, que llega al puesto de Presidente, después de competir con el Republicano Mc.Cain, previo enfrentamiento dentro del Partido Demócrata con la Pre Candidata Clinton. Esas elecciones internas y primarias debemos desarrollar en cada uno de los partidos políticos del Perú para titularnos demócratas.

19.- Ante los riesgos históricos de que se resquebraje la unidad de mando nacional por la insubordinación civil de alguna autoridad subnacional, será recomendable pensar en crear el Sistema Unificador de Ratificación Política, donde el Presidente de la República salga empoderado por la mayoría de 60 senadores (20 por cada Macro Región Norte- Mar, Costa, Sierra y Selva, Centro y Sur de peruanos), 200 diputados (1 por cada provincia), 250 presidentes y consejeros regionales (10 por cada Región), 2,000 alcaldes, regidores provinciales y candidatos con mayores votos (10 por cada provincia) y 20,000 alcaldes, regidores y candidatos que hayan alcanzado la mayor votación (10 por distrito): Punto de partida de la Carrera Política, de la elección directa y consciente del candidato conocido.

20.- A fin de superar la exclusión histórico-estructural de la sociedad peruana, por lo menos en el 51% de los cargos de la administración pública nacional y subnacional de los diferentes Poderes del Estado deben estar reservados para los técnicos, profesionales, funcionarios y directivos descendientes de las etnias amazónicas, andinas, afro-peruanas, poblaciones urbano-marginales y peruanos que emigraron a los 5 continentes, en busca de oportunidades negadas en su lugar de origen.

21.- El Sistema Electoral Nacional debe tener los mecanismos de supervisión del cumplimiento de la democracia en los procesos electorales y preelectorales internos de los partidos políticos, no limitarse a expedir normas contra la dedocracia, el monarquismo, autoritarismo, el copamiento y perpetuidad en los puestos dirigenciales que anula oportunidades de renovación de cuadros dirigenciales.

22.- A partir de los saldos sangrientos del Baguaso, Moqueguazo, Congazo y Pichamaki, antes de la colisión de derechos como en Cajamarca, Puno, Madre de Dios e Islay, una vez más el Estado tiene que prevenir los conflictos antes que lamentar las consecuencias perjudiciales para todos los niveles de la peruanidad. Contra la prepotencia y la infiltración subversiva, toda norma legal debe nacer desde las bases, establecer la coparticipación en la riqueza, responder no solamente a las necesidades de desarrollo equilibrado de las regiones y de la Nación, sino también a los proyectos de desarrollo integral de las comunidades que pudieran resultar afectadas directa e indirectamentemente, recibir la aprobación de las organizaciones involucradas, la opinión favorable de los sindicatos, gremios, universidades y colegios profesionales, a fin de no afectar el flujo de inversiones que requieren un marco de seguridad, tranquilidad y estabilidad. Tampoco matar ríos como el Mantaro, cuyas alcachofas gigantes no pasan al extranjero, ni seguir perforando ciudades como Cerro de Pasco que muestra la codicia imparable del capital y la ciega necesidad laboral de propios y extraños. Como los fines de Año en La Victoria: Durante el día comerciantes ricos y pobres hacen el mejor negocio del año, retirándose a descansar en sus lujosas mansiones o sus tristes casuchas, si n importarles que dejan al distrito que los acoge convertido en el más grande basural de la Capital..

23.- Como Planificador y empresario, Jesús recomienda trabajar con planes-presupuestos por resultados de desarrollo en el corto, mediano y largo plazo, en permanente seguimiento, evaluación y ajuste por la Contraloría, el Congreso, la Prensa, Defensoría del Pueblo y las Fuerzas Vivas de la Nación. Dichos planes deben recibir los aportes, merecer la aprobación desde los estratos socioeconómicos más modestos de sectores privado y público antes de iniciar su ejecución, deben incluir las mejores propuestas de los partidos políticos participantes, llamando a los autores de las propuestas.

24.- Tomando como referencia la gratuidad de la Carrera Militar Jerarquizada de actualización permanente y gradual, perfeccionar las carreras Magisterial, Carrera del Servidor del Estado y Carrera Política, sustentada en la meritocracia, que abra oportunidades de realización gradual a todas las generaciones de peruanos que hacen Patria, previa verificación y medición de los tributos pagados a la SUNAT. No a la parasitosis social y a los zánganos comechados. Seleccionar para el servicio público más motores que cargas pesadas.

25.- Elecciones primarias obligatorias financiadas por el Estado, para fortalecer la democracia interna y evitar designaciones improvisadas y autoritarias al interior de todos los partidos políticos. Ningún gobernante o congresista en ejercicio debe distraer su tiempo, su energía, su poder y sus capacidades en reelecciones inmediatas. Menos aún la corrupción y abuso de poder de la re-relección del 90. Poner fin a la dictadura del dinero y la corrupción, de la dedocracia, prepotencia, monarquía y perpetuidad, siempre contraria al interés de las grandes mayorías partidarias y nacionales, que ven a la democracia donde se venden y se compran los votos.

26.- Nivelar y transparentar los ingresos (remuneraciones, pensiones y beneficios) de los servidores civiles y uniformados del Estado, según el sistema actualizado de cargos clasificados y jerarquizados de las Naciones Unidas. Con la Experta Guillermina Vinces y sus seguidores, reconstruir el sistema destruido en la Década del 90.

27.- Estimular la productividad, con becas nacionales e internacionales, ascensos y promociones quinquenales por antigüedad y resultados. Evaluación y capacitación permanente. Perfeccionar la meritocracia contra el favoritismo. Priorizar la profesionalización y modernización, la globalización y competitividad contra el empirismo.

28.- Revisar, racionalizar y publicar la suma de ingresos mensuales del servidor del Estado y su Familia, teniendo en cuenta la canasta familiar de bienes y servicios indispensables para llevar una vida austera y digna; monto que sirva a los gobiernos para planificar el seguro temporal de los que no tienen el privilegio de un empleo privado o público.

29.- Contra la indiferencia, indisciplina, desobediencia e insubordinación de las autoridades regionales respecto del Gobierno Nacional que ponen en riesgo la unidad y soberanía de la Nación, actualizar y publicar cada año el ROF y MOF de los organismos públicos, las cartas y agendas funcionales que los servidores del Estado tienen la obligación de cumplir, no para guardarlos bajo siete llaves, sino para entregar al público que concurre a las oficinas del Estado de modo que pueda exigir sus derechos, con conocimiento de causa. En murales visibles hasta para la tercera edad, publicar el organigrama para culturizar y orientar al Pueblo.

30.- Ante la velocidad vertiginosa de la ciencia y la tecnología de punta, ante la globalización y competitividad, actualizar y homologar los sistemas de formación y capacitación profesional de civiles y militares, unificando y descentralizando por lo menos a nivel regional programas del PNUD y CEPAL aplicados por instituciones como la recordada ESAP del 70, ILPES de Chile, FLACSO de Colombia.

31.- Reforzar la importancia del concurso público para ocupar un puesto público, suprimiendo la obligación de reponer las horas extra por los feriados largos, en aras de fortalecer los lazos familiares de padres a hijos, particularmente en el seno de los trabajadores de menores ingresos. Paseos y turismo pueden hacer sólo empleados con mayor solvencia económica. Corresponde al Estado nivelar estas oportunidades en previsión de resentimientos que alimentan los conflictos sociales.

32.- La autoridad legal de los servidores públicos debe sustentarse en la autoridad moral comprobada. Así, por más elevadas que sean las calificaciones del servidor del Estado, el que carece de tal requisito deberá dar un paso al costado, dando oportunidad a las nuevas generaciones intachables, única forma de superar la grave crisis de valores que perjudica al Perú, incluso en el deporte. Si las palabras convencen, los ejemplos arrastran. La Mujer del César no solamente debe ser honesta, sino parecerlo. Caras nuevas y manos limpias deberían alistarse para relevar a los gastados gobernantes de turno.

33.- Coherente con el rol que debe cumplir la Nueva Administración del Estado, brindar atención prioritaria a los estratos más pobres de la sociedad, a través del Sistema de Nutrición Materno-Infantil que unifique, racionalice y simplifique las tareas del Ministerio de la Mujer, INABIF, PRONAA, JUNTOS, VASO DE LECHE, Qali Warma y las beneficencias públicas, con la orientación de UNICEF, desatando en los primeros años de vida los nudos que frenan el desarrollo físico y mental de las nuevas generaciones.

34.- Trabajar la administración del Estado con la Matriz Insumo Producto de la Teoría Matemática de Leontief, a fin de facilitar el análisis de la problemática, optimizar la asignación de recursos por programas, proyectos, actividades, y la medición del rendimiento de los organismos públicosVerticales o Sectores productores de bienes cuantificables a cargo de Ministros de línea y horizontales o sistemas a cargo de Secretarías de Estado productores de servicios de asesoramiento y apoyo con carácter esencialmente cualitativos como la educación, la cultura, la seguridad, cuyos resultados se miden no por metros, toneladas y dólares como la madera y los minerales. Sino por tranquilidad, comodidad, bienestar, por no decir felicidad.

35.- Para un mejor logro de objetivos de desarrollo económico, social, cultural y político en un país tan amplio, heterogéneo, con tantas necesidades de desarrollo como el Perú, es urgente potenciar la Presidencia de la República, multiplicando su capacidad operativo-administrativa con 4 vicepresidentes(as) con funciones de prevención, asesoría y coordinación permanente y responsable de Palacio para los asuntos de la Mar, Costa, Sierra y Selva Norte, otro tanto del centro y otro tanto del Sur, disminuyendo el stress presidencial.

36.- Escala de bonificaciones especiales y viviendas con radio, tv, cable, internet, teléfono y celular, pisos de madera, agua potable, luz y desague para nutricionistas, profesores, policías, militares y otros servidor4es públicos asignados a las zonas frígidas y altas de los Andes y territorios inhóspitos de la amazonía, como los de Puno y las fronteras, por donde se escapan al extranjero la madera fina y los oros del Perú.

Equipo Asesor: Para tarea tan gigantesca, el autor propondría a los graduados de la secundaria y universidades nocturnas; el autor desearía trabajar con los Brigadieres Generales 1962, Espadas de Honor 1963 y Oficiales de las Promociones de las Escuelas Militares y Policiales, Primeros Puestos de las diversas facultades de las Universidades Públicas y Privadas, ICPNA, APB, Cursos PNUD-ESAP 1972 que ha tenido el honor de pisar, la ESAN, los países, empresas, instituciones que le han dado oportunidades de trabajo en equipo empresarial, tanto en el país como en el extranjero, como cabeza de una consultoría y un hobby-empresa de gastronomía que sirvió a presidentes de la República y docente sin título nacido para ayudar al desarrollo individual y colectivo.

20. DIAGNOSTICAR IDENTIFICAR LOCALIZAR CUANTIFICAR ANALISAR DEBATIR DIALECTICA Y PUBLICAMENTE ORGANIZAR INVESTIGAR EDUCAR CAPACITAR PERMANENTEMENTE PLANIFICAR RACIONALIZAR ESTRUCTURAS Y PROCEDIMIENTOS PARA ERRADICAR LA CORRUPCION EL NARCO-TERRORISMO PREVENIR Y PERSEGUIR OTROS CRIMENES Y ACTOS QUE ATENTEN CONTRA LA SEGURIDAD INTEGRAL DEL PERU

Síntomatología: Debilidad de la seguridad pública y ciudadana a causa de la excesiva dispersión, distracción y ostentación de los órganos de seguridad pública. Excesiva proliferación y explotación de la informalidad de los entes de seguridad privada. Mientras algunas ciudades cuentan hasta con tres sistemas de seguridad: pública, municipal y privada, la mayoría del campo y la periferia carecen de ellas. Indiferencia ciudadana contra los delincuentes infragantes.

Proliferación de sicarios, secuestradores, "marcas", "destructores", "retacos", "cibernéticos", pandillas y barras bravas, ante una policía mal pagada que ingresa al servicio cansado por el recurseo para completar la olla. Hijos de padres desconocidos hechos en las polladas y fiestas chicha que duran día y noche inundados por las drogas. Hogares descontrolados por la pobreza que llevan a los padres a trabajar. Niños abandonados entre fósforos, velas y lámparas que incendian las casuchas de su hambre y pobreza.

El enriquecimiento ilícito y desbalance patrimonial, la acumulación de poder por corrupción y la delincuencia corroen las bases mismas del código de valores morales y éticos sobre los cuales debería descansar la sociedad peruana, agravada por la errónea o interesada desaparición de la PIP, reivindicada por el GEIN, la DIRCOTE y la captura del máximo cabecilla de la alienada mafia senderista, el terrorista barbudo y bailarín de zorba el griego, tan alienado con el wisky, en lugar del pisco y la chicha.

Apatía, miedo, cobardía, indiferencia, falta de preparación y colaboración solidaria contra los delincuentes infragantis, complicada por la carencia de la unidad y lenta comprensión del concepto de seguridad y defensa integral del territorio, de la vida, los bienes, servicios públicos y privados, inclusive del medio ambiente.

PROPUESTAS:

1.-Después de haber salido del hambre, desempleo y pobreza a base del trabajo y estudio, día y noche desde niño, bajo la protección de sus padres, familia y entorno comunal, comprobar el subempleo en carne propia, del cual viene saliendo mediante el trabajo empresarial que ahora lo sube y lo baja del doble piso de Air France procedente de París y encontrarse en Caracas detrás de una larga cola de ciudadanos chinos en condiciones penosas para continuar viaje a Lima, se pregunta ¿A dónde son llevados tantos chinos?, ¿Cuál fue la actitud de los chinos en los momentos difíciles de la Patria?, como los restaurantes MCDonald hoy encontramos también comida china por todo el mundo, y eso desde el punto de vista del investigador-planificador es penetración y dominación de potencias extranjeras que debemos responder por lo menos pidiendo reciprocidad, consecuencias de un modelo capitalista ultraliberal, que endiosa al mercado y envilece al ser humano.

2.- Contra la excesiva y antieconómica dispersión y desconexión de las instituciones de seguridad, reforzando la conexión indispensable entre la seguridad y el desarrollo, definir los siguientes campos que deben complementarse colaborativamente en el tiempo y el espacio: Seguridad y Defensa Interna, Seguridad y Defensa Externa, responsables del sistema de prevención y desactivación de los riesgos contra la seguridad y paz con los países vecinos, así como de las armas de largo alcance y destrucción masiva al interior del país. A imagen y semejanza de Estados Unidos, Sistema de Inteligencia para proteger el Tesoro Nacional, que es defender el dinero del Pueblo, combatiendo el contrabando, la evasión tributaria, piratería y otras formas de enriquecimiento ilícito, auxiliar a los órganos del Poder Judicial, "Prevenir antes que lamentar".

3.- Prevenir, investigar para desactivar los focos de narco-terrorismo y violencia, antes de que estallen, lanzando a tiempo en cada localidad una ofensiva total, integral y multisectorial de soluciones contra las raíces histórico-estructurales de la problemática. En el caso concreto del VRAEM, crear el Departamento con ese nombre que vele por su desarrollo integral, erradicando las causas del narcoterrorismo con alternativas internacionales científicamente estudiadas. También el Departamento de MONZON. Que ambos avancen hacia los mercados de Brasil, Europa y Africa.

4.- Sin contaminar, a completar la Conquista del Este Peruano en pleno siglo XXI, iniciada por los incas y dejada inconclusa por los españoles. No obstante los recursos que insumen, hasta la saciedad sabemos que el problema no es militar ni policial solamente, que no pueden gobernar y combatir al mismo tiempo en la selva impenetrable, requiere de líderes civiles y profesionales mejor preparados para abordar el problema geográfico, histórico, estructural, económico, cultural, social y político.

5.- Los comandos y los sinchis deben estar profesionalmente entrenando en el mismo teatro de operaciones para una acción conjunta y rápida de liquidación del narco-terrorismo y principales organizaciones criminales, no enviar solamente a soldaditos improvisados, mal pagados y alimentados. Es tiempo de consolidar la seguridad integral en el frente interno para pensar ya en la seguridad continental, ir al frente los mejor pagados, condecorados y expertos patriotas voluntarios contra recompensas que valgan la pena arriesgar.

6.- A pesar del encierro de los cabecillas extremistas, es el colmo que unos cuantos licenciados o desertores todavía tengan en vilo a todo el país. Se debería llamar la atención a los países proveedores de armas sofisticadas y tecnología de punta y de los insumos químicos, llamar a los legionarios del mundo contra estos mercenarios. Prohibir el uso de capuchas, el comercio y uso de armas de fuego de largo alcance, hasta la desaparición de los crímines que afectan la tranquilidad de la nación y agrava la situación de riesgo país para las inversiones.

7.- Contra la crueldad, globalización y tecnologización, consciente de la corresponsabilidad por el crecimiento de la demanda y la oferta del mercado negro de industrialización y tráfico internacional ilícito de la cocaina que destruye al hombre, la comunidad nacional, prohibir definitivamente la industrialización de la coca y junto con la comunidad internacional aplicar tecnologías de punta (localización satelital, armamentos modernos con sensores y visores nocturnos e intercomunicación celular) en la persecución de todo tráfico. Penalizar el tráfico ilegal de armas.

8.- Introducir el término Agente de Seguridad y Defensa, por el de Militar y Policía, pertenecientes al Sistema de Seguridad y Defensa Nacional, recuperando la respetabilidad del Nuevo Agente de Seguridad y Defensa Urbano y Rural, preparándolo para enfrentar las complejidades de la problemática social vecinal, cual apostol cubriendo la ausencia del Padre, de la Madre que puedan salir a trabajar con la confianza de que sus niños cuentan con un agente de seguridad integral, educador y alumno de la comunidad, capacitado para hacer las veces del enfermero de primeros auxilios, jardinero defensor de la higiene, limpieza y conservación ambiental, sereno municipal, rondero campesino, wachimán vecinal que inaugure y lidere la cultura de SEGURIDAD INTEGRAL TAREA DE TODOS.

9.- Contra la creciente inseguridad, juntar todos los presupuestos públicos y privados para lograr el Sistema Unificado y Eficiente de Seguridad Integral, a partir de un agente de seguridad integral por cuadra, nucleado según el modelo de organización jerárquico-decimal del Imperio Inca del Tawantinsuyo (10, 100, 1000, etc), en turnos de 8 horas diarias de servicio, retén y franco; convocando a todos los jubilados subempleados, incluso desocupados capacitados de la PEA, preferencialmente los agentes licenciados y retirados, servidores cesantes y jubilados voluntarios debidamente reentrenados o entrenados dentro del concepto de seguridad integral tarea de todos.

10.- A imagen de la Nación Costera de Israel, contra cualquier riesgo remoto de aventura bélica de alguno de los cinco países vecinos, tener prevenido a los peruanos de los remotos riesgos, inculcándoles desde la niñez el sentimiento patriótico necesario para hacer respetar los derechos de la Nación, sin que se repitan los errores del pasado, fortaleciendo la conciencia cívico patriótica con el entrenamiento de un Week End del mes de Julio en defensa personal y manejo de armas de caza, seguridad interna y externa en tiempos de guerra y de paz.

11.- Inculcar orgullo de nuestra identidad multicultural, de la riqueza biodiversa desde los jardines, las escuelas, colegios, institutos, universidades y centros de trabajo, con énfasis en la formación para mejorar la calidad de vida y elevar el nivel de desarrollo económico, social, cultural y político, individual y colectivo, capaz de contribuir a la integración sudamericana. Estar preparado para la guerra, es la mejor manera de vivir en paz. Buscar y extirpar con metodología científica los problemas del narco-terrorismo, la corrupción, los crímenes y la delincuencia, en sus raíces profundas y complejas, de carácter histórico-estructural.

12.- Reemplazar el concepto de seguridad ciudadana por el de seguridad integral que alcance hasta la seguridad ambiental, municipal, tributaria, turística, a cargo no solamente de los aagentes de seguridad, sino también de los gobernadores, trabajadores de limpieza, jardineros, bomberos, cachineros, canillitas, vendedores ambulantes formales, fruteros, cargadores y los miles de jubilados pensionistas subempleados, militares, policías, profesores, emolienteros que previa capacitación y adiestramiento se organicen para su propia seguridad y defensa individual y colectiva, contra las pandillas y criminales, a cambio de recompensas por riesgo de vida y cada captura de criminales comprobados sorprendidos infraganti, levantando la solidaridad ciudadana y campesina contra el crimen.   ¿Acaso hemos olvidado que la unión hace la fuerza?.

13.- Una vez más prevenir antes que lamentar, inculcando desde el hogar, la iglesia, la escuela, en los cuarteles, la vecindad y la comunidad, la cultura antidelictiva, enseñando con el ejemplo la solidaridad y cooperación contra la corrupción, los asaltantes, cogoteros, escaperos, atracadores, emboscadores, carteristas, pandilleros, encapuchados, libertinos y toda conducta antisocial y antipatriota. Compartir lo que se tiene con los que no tienen, especialmente con los pobres extremos, dejando en claro que ser pobre no significa ser ladrón. Pedir antes que robar.

14.- Desterrar el desprecio a todo preso y excarcelado, mediante la educación y el trabajo en las obras públicas, bajo la dirección de la ingeniería, la docencia y disciplina cívico-militar, recuperándolos y forjándolos en lugar del ocio para el autoempleo productivo empresarial formal con RUC tributando para el momento de su excarcelación. No más carga de gusanos comechados, alto a las universidades del crimen. Tampoco olvidar que el ocio es madre del vicio.

15.- En lugar de nuestros hermanos jardineros, barredores y cachineros, instaurar por cada cuadra un Policía-Educador-Supervisor de la autohigiene-defensor del Medio Ambiente, de la vida y propiedad de los vecinos, que haga respetar las normas de urbanidad, vecindad y las leyes, con la gradualidad del ALTO para la persona proclive a la comisión de alguna falta o delito, ALTO O DISPARO para todo intento de comisión de algún delito, DISPARAR a las extremidades inferiores en caso de flagrante delito y legítima defensa, al cuerpo en caso de ataque homicida.

16.- Integrar, potenciar y perfeccionar la unidad del Comando Conjunto de la Seguridad y Defensa Nacional para complementar las funciones de todos los órganos de seguridad y defensa interna y externa, incluida la defensa civil y auxilio de bomberos, a fin de evitar enfrentamientos tipo Andahuaylas, descoordinaciones de Bagua y debilidades como en el Moqueguazo, en cualquier caso evitando el derramamiento de sangre del Pueblo, individualizando al autor o autores.

17.- Racionalizar y reemplazar las agregadurías militares y policiales, por agregadurías de investigación y promoción, crecimiento, desarrollo y expansión de la gastronomía, cinematografía y turismo y de toda actividad micro empresarial formalizada hacia al mercado internacional, que beneficie preferencialmente a las diferentes actividades productivas del campesinado, particularmente de las comunidades alto andinas, amazónicas y afroperuanas. Por qué no incluir también, el desarrollo de las habilidades y aptitudes de los presos comunes y políticos, transformándolos en trabajadores empresariales y formales que produzcan para colocar sus productos en el mercado nacional e internacional con RUC.

18.- A los presos que no tienen habilidades o vocaciones especiales de creación y producción, lo mínimo que se le debe exigir estudiar y trabajar, mejor forma de salir adelante, salir del hoyo, volver a levantarse de la caída, dormir solo 5 horas diarias, para financiar su mantenimiento diario, construyendo las infraestructuras que hacen falta al país, como carreteras y vías férreas de penetración y demás obras de Infraestructura nacional bajo la dirección y supervisión de agentes armados de seguridad y defensa, en lugar de perder el tiempo pensando en fugar o dirigir las bandas criminales desde la prisión.

19.- Así, los internos de las cárceles, en lugar de representar un gasto para la Nación, generarían un ingreso mínimo para evitar que se agrave la la pobreza de la familia que aman y dejaron, al mismo tiempo de participar en la construcción del desarrollo nacional, especialmente en la construcción de cárceles más humanas y dignas de seres vivientes, donde se evite la promiscuidad y el hacinamiento. Eso sí, al prisionero ocioso y cabreado que intente largarse sin previo aviso, aplicarle la "Ley de la Fuga", porque la persona que recibe todas las formas de apoyo y rehacer su vida, que tiene la oportunidad y la pierde no tiene ninguna forma de perdón.

20.- Contra la imagen parasitaria de los militares, como en Israel y Rusia, en tiempo de paz invertir el capital humano y los valiosos y costosos recursos de las Fuerzas Armadas en actividades productivas y empresariales que generen empleo, impuestos y divisas para el país, dirijan a los desempleados y apoyen a la población penal en la ejecución de proyectos como el desarrollo de la infraestructura nacional, la conversión industrial de vehículos obsoletos como los tanques en máquinaria útil para convertir los desiertos en emporios de agricultura, en apoyo de la protección y educación de la niñéz y la juventud, con padres presos y de las provincias más pobres. Entrar en la construcción de obras no rentables para el sector privado pero sí de inclusión social.

21.- Contra el narcoterrorismo del Huallaga y VRAEM, con apoyo del BM, AID, BID, CAN, PNUD, DEA, DEVIDA, OEA, UNASUR y los países de donde proceden las mayores demandas de la cocaína, crear los departamentos del Huallaga y VRAEM, hasta la frontera con Brasil, como parte de la Conquista del Este, que permitan canalizar planificadamente los recursos de cooperación internacional para alternativas de actividades económicas lícitas, rentables como la seda, la caoba, el café, cacao orgánicos, cedro, coco, su industrialización. Los productos andinos hacia el mercado del Brasil.

22.- En armonía con su prédica de Seguridad para el Desarrollo, preparar a los agentes modernos del sistema de seguridad no solamente en las tareas de inteligencia y uso adecuado de las armas, no solo fuerza física para desalojar a los mineros ilegales que vienen llevándose el oro clandestinamente depredando los bosques corrompiendo voluntades, llegando incluso al congreso, para liderar la reforestación con el canon específico del oro. Neutralizar el mal en sus orígenes, la pobreza y extrema pobreza altoandina de las provincias más pobres del Perú.

23.- Contra la vida parasitaria de los priosioneros y el rechazo de la sociedad a los exreclusos, transformar las cárceles y los vetustos cuarteles vacíos como el Real Felipe, Batallón del 43 y San Martín, en centros de conversión de condenados y desocupados en útiles trabajadores empresariales, formales y tributarios, con apoyo de la Iglesia y el Magisterio, de los colegios profesionales, institutos como senati y censico, universidades, sindicatos, gremios empresariales y comerciales, promperú, adex. Sierra exportadora, agregados comerciales y tantas entidades públicas y privadas relacionadas con la producción, el comercio nacional e internacional,

24.- Convertir las beneficencias y asilos en escuela de nivelación nutricional, alfabetización, educación, capacitación y formación ocupacional que aproveche la vocación, las neuronas y habilidades humanas para la joyería, la cocina, fotografía, artesanía, albergando, curando, educando y capacitando por lo menos para la vida útil de sí mismo, del indigente y de la mendicidad. Convertir a los mineros informales e ilegales en empresarios de reforestación de los territorios que depredaron. Quizá con voluntad, cerebro, paciencia, visión y la cooperación de China y Japón las universidades puedan lograr que prendan las moreras que alberguen a los gusanos de seda. Especialmente ciertas universidades con rectores que parecen interesarse más en el lucro desmedido.

25.- Investigación, formulaciòn, ejecución, seguimiento de proyectos de inversiòn empresariales y legales màs rentables que la producción de la coca, como la acuicultura, agricultura, ganadería, forestación, floricultura y apicultura amazónica, especialmente la producción de caoba, coco, sacha inchi (con omega 3, 6 y 9), café, cacao orgánico, deshidratación de frutas y granos, otras ramas de la industria alimentaria y medicinal, entre otras alternativas de desarrollo integral como la crianza de gusanos de seda, en lugar de los cultivos de coca y su transformación en la droga que atenta contra la vida de la humanidad, con el apoyo de los sectores màs afectados de la comunidad nacional e internacional. Si reducimos a cero el desempleo en los Andes, reduciremos la migración y sus complejas consecuencias a la selva o la costa.

26.- Trabajar con ILPES de Chile, FLACSO de Colombia, así como ILANUD de Costa Rica en la formación de cuadros técnicos con vocación para realizar las coordinaciones y recomendaciones de los congresos quinquenales de las Naciones Unidas para la Prevención de la Delincuencia y Tratamiento de la Población Penal. Desarrollar la respetabilidad de los servidores públicos uniformados, en lugar del miedo, aspirando al Militar y Policías-Educadores, con más sapiencia que fuerza. En lugar de escuelas militares y policiales, crear los institutos y universidades de seguridad y defensa que incluya el post-grado para fiscales que dirigen los procesos de investigación y aminoren las discrepancias que favorecen a la delincuencia.

27.- Contra la imposición de vestuario y uniforme de material sintético importado para los servidores del Estado, que ha beneficiado a influyentes amigos de la importación sin importarle los objetivos de desarrollo de la industria nacional, llamar a los emprendedores y profesionales calificados, para relanzar el complejo industrial civil-militar-policial que transforme con tecnología intensiva en mano de obra, la lana de vicuña, alpaca, llama y guanaco en finos telares para los uniformes y vestidos de los servidores del Estado, dando el merecido valor agregado a tan valiosa materia prima.

28.- Crear los institutos, las facultades universitarias y los centros de investigación científica para el desarrollo biogenético de tan excepcional especie, con el apoyo de Japón, Alemania, Israel y Nueva Zelandia que vienen experimentando con éxito los genotipos de origen andino peruano. Mercado: Vesturario para todos los miles de servidores del Estado, en actividad o retiro, además de los nacionalistas que se supone deben amar lo nuestro, más aún la industrialización de la natural materia prima excepcional.

29.- Ante la excesiva visibilidad y ataduras del uniforme, la contraproducente ostentación de galones y abundantes condecoraciones, la inconveniente volatilidad del kepí, a imagen de la CIA, la KGB, FBI, Bundeskriminalamt y Scotland Yard, establecer el Servicio Secreto de Captura de Criminales, escuadrón especializado de inteligencia que trabaje anónima y silenciosamente con las rondas urbanas y campesinas de civil, modernamente adiestradas y armadas, tipo Gein, Rambo y James Bond, buscando resultados concretos contra los criminales más buscados por la justicia, capáz de convocar enérgicamente la valiosa cooperación de la indiferente población en casos de visible flagrancia delictiva.

30.- Apoyar las investigaciones científicas por entidades privadas que propongan   acciones concretas de prevención contra la criminalidad creciente, en coordinación con la comunidad nacional e internacional como el quinquenal Congreso de las Naciones Unidas para la Prevención del Delito y Tratamiento de los internos de las cárceles. Tener en cuenta los estudios y conclusiones del ILANUD y la CEPAL.

31.- Crear el Centro de Investigación multidisciplinaria de las causas de los flujos migratorios del campo a la ciudad, de los andes a la Costa y la Amazonía, para planificar su reorientación racional hacia áreas de mejores oportunidades de empleo formal y tributaria por crear, con la hipótesis de que la inexistencia de oportunidades de realización en las cumbres de las cordilleras de los Andes, es la causa de la emigración, y la migración una de las causas de los problemas en la Selva y en la Costa.

32.- Contra el hambre, la desnutrición, el desempleo, la pobreza extrema que el narcoterrorismo enarbola combatir, el efecto alienante de la violencia, la sangre, de los realitis que regresan, del circo choliwodense, invocar a los medios de comunicación social, ayuden al desarrollo nacional con la inclusión de programas de educación y cultura para la formación y capacitación en autoempleo empresarial sostenible, no sólo buscando lucro y rating ni abalanzándose contra los gobiernos con sus críticas destructivas.

33.- Proponer la unificación de las fuerzas de seguridad y defensa del Continente Sudamericano para erradicar el narcoterrorismo, el tráfico de insumos, armas y drogas, de los mercaderes de armas y drogas, competir con el monopolio de los medicamentos y la industria cinematográfica, contribuyendo al fortalecimiento de la Paz Mundial y el desarrollo.

34.- Lanzar una ofensiva total contra el narcoterrorismo, en alianza con los jíbaros, ashaninkas, awajunes, campas, otras comunidades amazónicas, andinas y los diferentes sectores del Estado y de la comunidad nacional e internacional, voluntarios procedentes especialmente de las familias de víctimas del efecto nocivo del tráfico ilícito de las drogas y el terrorismo.

35.- A mediano y largo plazo, procurar que en lugar de generales los servicios de seguridad interna estén jefaturados por fiscales y que los servidores del Estado sean vestidos por corporaciones de microempresas, en lo posible con camisas y casacas que lleven como logo el mapa y nombre de Perú, que llegado el momento los comprometa para apoyar la prevención de la delincuencia, la captura de los delincuentes sorprendidos infraganti, llamando y liderando la reacción colectiva, como en Puno y Cajamarca, recordando a la fuente ovejuna de nuestra literatura y la solidaridad de las comunidades campesinas.

36.- Lanzar la contraofensiva total contra el narcoterrorismo, superando la Conquista del Oeste Norteamericano mediante la Conquista del Este Peruano por colonias de empresas de industria agrícola, florícola, ganadera, pesquera, forestal, hidroeléctrica, energética, minera, turística y otras rentables con personal de seguridad y defensa adiestrado en el uso de armas y equipos de tecnología de punta. Como el Perú enseña a producir papas a la China, ésta podría enseñarnos a producir la fina seda.

37.- Innovar el concepto de seguridad ciudadana por el concepto y la cultura de seguridad y defensa integral, que incluya la seguridad y defensa ambiental, seguridad y defensa tributaria, seguridad y defensa del turista en los miles de distritos, a cargo no solamente de la policía sino, en ausencia de éste, a cargo de los gobernadores, trabajadores de limpieza, serenos, cachineros y los miles de agentes de seguridad y defensa, profesores, extrabajadores, pensionistas, subempleados, desempleados y voluntarios de la comunidad debida y previamente capacitados por los sectores correspondientes, a cambio de recompensas monetarias en casos de resultado positivo.

38.- Consciente de la necesidad de PREVENIR ANTES QUE LAMENTAR, pedir mayor ingerencia de los diferentes campos y niveles de la educación, la Iglesia, de la justicia, del derecho, de las ONGs ambientalistas, de los colegios profesionales y de los órganos de seguridad y defensa en la preservación de la rectitud, honestidad, higiene y limpieza de la conducta humana en el campo y la ciudad.

39.- Crear un FONDO PARA LA DEFENSA AMBIENTAL que financie proyectos de organización empresarial de los cachineros nocturnos, para dar tratamiento adecuado al reciclado industrial y comercial de los residuos sólidos, con asesoramiento profesional y cooperación internacional como el convenio privado ADF-McDonald´s de Estados Unidos.

40.- Unificar y racionalizar la Fuerza Armada, Policía Nacional, Municipal, Serenazgo, Seguridad Ciudadana y sus especialidades bajo el nuevo concepto de seguridad y defensa integral y el mando de la autoridad de gobierno elegido en los niveles nacional, departamental, provincial y distrital, evitando cualquier duplicidad de uso de fondo público, creando la Facultad de Seguridad Integral y Centro de Criminología en las universidades públicas de las provincias proclives a la delincuencia.

41.- Bajo el liderazgo de los servidores públicos y a cambio de los incentivos correspondientes, investigar, planificar, organizar y ejecutar el entrenamiento de la población en la prevención de la defensa civil contra terremotos, tragedias y catástrofes, en los fines de semana largo, suprimiendo la "devolución" en horas extra la mayor de las veces no usadas por falta de recursos, privilegio de los altos mandos, directivos, ejecutivos y profesionales, no así de los niveles técnicos y menos de los auxiliares.

42.- En la actividad industrial y comercial del campo y la ciudad, establecer el uso de envases biodegradables e insumos ecológicos reciclables fijando para que los fabricantes usen insumos reciclables y ecológicos, reforzando la campaña contra los "chamchadores" de caña de azúcar que arrojan el bagazo por la ventana de la combi, o la pituquería paseando al perro fino en auto de lujo tirando la cáscara de plátano con desprecio, o los albañiles irresponsables que tiran el desmonte en los distritos pobres.

43.- Como en las cercanías de la Casa América de Madrid, cinco tachazos por cuadra para echar las coberturas y tablitas de los helados, los puchos y latas de cerveza, por lo menos 1 urinario público subterráneo como en Miraflores para educar y desterrar la vergonzante micción en la vía pública, especialmente por los chapatines de invierno y de campo, controlable día y noche por el agente de seguridad de la cuadra o la ciudadanía a cambio de una atractiva recompensa económica. 24 horas detrás de la reja para el infractor. U otra inteligente forma de educar a nuestra población.

44.- Antes de ordenar la expulsión de extranjeros con ascendencia en la población, como el Sacerdote Mc. Aulay de una de nuestra comunidades amazónicas, quien fuera inculpado en el 2010 como instigador de la conspiración de nativos contra la Ley, el Orden, la moral y la nacionalidad, aplicar el principio razonable de gradualidad de los procedimientos democráticos que debe iniciarse con la amonestación verbal, escrita, invitación a salida voluntaria y expulsión en última instancia, so pena de generar un malestar internacional.

45.- Siendo los más beneficiados de la economía y el negocio el SOAT, extraña que las compañías de seguro no ayuden a financiar la renovación y mantenimiento operativo, eficaz y eficiente de equipos de las compañías de bomberos voluntarios. Igual galerías como las de Mesa Redonda, las cámaras de comercio y construcción deberían juntar mensualmente la "chanchita" contra estos riesgos y los que recomiende Defensa Civil, una vez más prevenir antes de lamentar la repetición del caso utopía.

46.- Poner las rondas campesinas en manos de los gobernadores y las rondas urbanas bajo la dirección de las juntas vecinales, en lugar de serenazgos y otras formas de seguridad pública duplicantes del presupuesto público, dentro del nuevo concepto de Seguridad y Defensa Integral Tarea de Todos, jerarquizada por niveles distrital, provincial, departamental y nacional, profesionalizando los cargos mediante la creación de las facultades correspondientes en los institutos y universidades públicas, con una visión más completa que las actuales escuelas de policía.

47.- Con las universidades y colegios profesionales de nutricionistas, educadores, antropólogos, sociólogos, psicólogos, iglesias, investigadores y voluntarios profesionales, impulsar la creación de los centros de investigación criminológica de las universidades para estudiar científicamente las raíces de la delincuencia y proponer a tiempo las formas de erradicación, aprovechando las recomendaciones de los congresos quinquenales de la ONU sobre la materia.

48.- A 20 años de la caída de "Abicho" que al parecer jugaba al gato y al ratón con su paisano el "Doc" mientras el "Chinito" infiel fotografiaba a las geishas para hacer jugar al hoy niño congresista Kenji: como los incorruptibles agentes del FBI, los James Bond de la CIA, los espías de la KGB, los Sherloc Holmes de la Scotland Yard, más que ostentosos uniformes cargados de pesadas condecoraciones y estrellas que alertan a los delincuentes más avezados , recordando a los humildes "Tucuy Ricuy" del Tawantinsuyo, dar mayor importancia al trabajo científico, tecnológico de punta, inteligente, silencioso, secreto y efectivo medible por resultados y recompensable económicamente por alto riesgo de vida y meritocracia, de reconocidas unidades altamente especializadas como la memorable DIC y el GEIN y sus sabuesos, contra el rebrote del reciclado narcoterrorismo, el crecimiento y diversificación de la criminalidad que viene causando fuertes bajas al sistema de seguridad y defensa integral.

49.- Desde el hogar, el nido, la comunidad, la escuela, el colegio, el instituto y la universidad, fortalecer el amor a la Patria Chica y Grande, la conciencia y valores de la identidad nacional en el marco de UNASUR, contra todo riesgo de seguridad interna y externa, nacional y continental, por lo menos para dar muestras de compañerismo, vecindad democrática y solidaridad contra atropellos a la majestad de los presidentes como Evo intervenido en Europa. ¿Había orden judicial para detener y abordar su avión?, ¿No es violación de domicilio?. Debemos esperar que lleguen los paracaidistas de la Primera Potencia Mundial y se rapten un Presidente de UNASUR?. Una pena.

50.- Convertir los cuarteles en escuelas de autoempleo de la PEA desempleada, especialmente de la juventud peruana con vocación por la seguridad y defensa integral organizada y disciplinada, con apoyo de las empresas que deben hacer conocer sus necesidades de trabajadores manuales e intelectuales debidamente calificados, a través de CONFIEP.

51.- Dado el crecimiento incontenible de la criminalidad, como parte de una de las políticas de Estado, las Facultades y Centros de Investigación Criminológica de las universidades, deben aprovechar la "Experiencia Madre de la Ciencia" de los detectives, investigadores, colegios de antropólogos, sociólogos, psicólogos, psiquiatras, nutricionistas, neurólogos, educadores, magistrados retirados, para auscultar científicamente la génesis de la problemática y proponer las medidas de prevención y solución a fenómeno tan complejo.

52.- Si todo el mundo achaca el problema del VRAEM a la ausencia del Estado, que mejor manera de cambiar las cosas creando el departamento de ese nombre, un instituto y una universidad con las facultades de agricultura, acuicultura, forestal, nutrición, industria alimentaria, comercio nacional e internacional, un centro de investigación científica de las propiedades saludables y cultivos sustitutos de la coca, no de la cocaína, una Escuela Profesional Conjunta de Oficiales de Inteligencia, Infantería de Selva, Comandos, rangers, paracaidistas bien pagados, no los pobres soldados de propina, y otras especialidades equipadas con la tecnología de punta para poner fin a décadas de guerra interna extirpando definitivamente al narcoterrorismo.

Equipo Asesor: Llamar al Físico Neonatólogo Juan Rodriguez para descontaminar las aguas del mar y los ríos, a los ingenieros químicos Villalba y Torres de la UNI para la extracción del oro sin contaminación, en lugar de las represas de mercurio y escoria que al desbordarse envenenaron las aguas de los ríos de Huancavelica. Rondas Campesinas jubiladas y activas, Atachés de seguridad de los Estados Unidos de las décadas del 60 y 70, todos los detectives exjefes de Interpol y Pesquisas del Tráfico Ilícito de Estupefacientes, DEA, AID, DEVIDA, BID, BM, Naciones Unidas, ILANUD, Sociólogo Jaime Antezana y Periodista Pedro Yaranga, Otto Guibovich, Senderólogos Carlos Tapia y Rubén Vargas, estudiosos del problema, profesionales voluntarios de la comunidad nacional e internacional con propuestas de solucionática a la problemática criminal, exmiembros de la DIRCOTE y del GEIN, sobrevivientes de la DIC PIP, Congresista Carlos Tubino, ex presidentes del CCFA, la Profesora Gladys Huarcaya, para hacer realidad su idea de salvar a la Juventud Desbordada, las Iglesias, ex ministros de Justicia, Defensa, Interior, Educación, Universidades,. Defensores del Pueblo y magistrados de la Corte Suprema de Justicia, las universidades, colegios profesionales, gremios empresariales, ADOGEN, CAEM, AOPIP. Gustavo Gorriti. Schiapa Pietra de Radio San Borja y Raúl Vargas de RPP. Ex brigadieres generales de las escuelas militares y policiales, los números uno de los graduados en los institutos y universidades públicas y privadas, los compañeros de promoción campesina del autor, secundaria, institutos y universidades nocturnas. A todos los criticones y voluntarios del Perú y del Extranjero, para poner fin a la sosobra, intranquilidad y la sensación de vivir encarcelado detrás de las rejas y con batallones de guachimanes, quien sabe trabajando más de 8 horas diarias y tan mal pagados que tienen que buscar un segundo trabajo que agota sus energías necesarias para correr detrás de la delincuencia que trabaja por minutos.

21.- DIAGNOSTICAR PRONOSTICAR IDENTIFICACAR LOCALIZAR CUANTIFICAR ANALISAR DEBATIR PUBLICA Y DIALECTICAMENTE INVESTIGAR EDUCAR Y CAPACITAR PLANIFICAR EL DESARROLLO DE LAS RELACIONES INTERNACIONALES DEL PERU

Sintomatologia: La era de globalización y competitividad que vive la historia de la humanidad, nos muestra la necesidad de integración de los paises vecinos de América del Sur para sacarle mayores ventajas al mercado y a la economia internacional, para defender sus intereses comunes, siguiendo el ejemplo de los bloques de paises del Hemisferio Norte, zanjando todo riesgo de conflicto, deponiendo los factores de recelo, desunión y distanciamiento por factores ideológicos..

PROPUESTAS:

1.- Contra la miopìa e indignante mentalidad dependiente de los polìticos y medios de comunicación social del Perù que estàn esperando que el Paternalismo de la Primera Potencia Econòmica y Militar del Mundo- Estados Unidos de Norte Amèrica "Ojalà haga algo por su Patio Trasero" constituìdo por todos los demàs paìses de las amèricas, es tiempo de fortalecer la verdadera independencia política, económica y cultural de la regiòn impulsando UNASUR, como la mejor vía para alcanzar la condiciòn de conglomerado de paìses soberanos que haga escuchar su voz en el concierto de paìses desarrollados de un mundo multipolar, entendiendo que ya pasó la Doctrina Monroe de "Amèrica para los Americanos" que siempre quizo decir al mundo Amèrica para los EE.UU.NA.

2.- Los Consulados Honorarios como los de Medellìn, Trinidad y Tobago, en manos de ciudadanos naturales del paìs anfitriòn, deben ser reforzados por profesionales microempresarios formales generadores de empleo y al día en el pago de sus impuestos como agregados comerciales seleccionados y capacitados para promover las exportaciones del Perù, principalmente de los bienes y servicios producidos por las micro y pequeñas empresas formalizadas, a fin de impulsar su crecimiento individual y colectivo, compitiendo con las organizaciones gremiales de la gran empresa con el apoyo de los colegios profesionales, las universidades y el Estado.

3.- Si un ricachòn descuidado sufre un robo, la reacciòn lògica de la vìctima es recuperar de inmediato el objeto robado, coger al ladròn e inmediatamente hacerle pagar su atrevimiento, y no desgastarse cargando por siglos la culpa de nuestros malos gobernantes. Me refiero concretamente a nuestra relaciòn de países hermanos con Chile, en lugar de gastados pretextos que prolongan y favorecen el interminable y empobrecedor tràfico de armas y la corrupción, por lo menos seamos capaces de lograr la unidad nacional, acortando las abismales diferencias sociales, económicas y culturales, reflotando la aviación comercial, la marina mercante, la industria pesquera, si el capital financiero y la cultura chilena ingresan al Perù y sus paìses vecinos, dèmosle la bienvenida y devolvàmosle invirtiendo allà tambièn nosotros, siguiendo el ejemplo de la gastronomìa y algunas empresas peruanas.

4.- Pensemos en una Patria Màs Grande, Amèrica del Sur Unida, como Europa y Estados Unidos de Norteamérica, marco dentro del cual deben neutralizarse pacífica, democrática e inteligentemente todos los riesgos e indicios exteriores de provocación, divisionismo y conflicto. O le hacemos el juego a alguna potencia cuyos intereses se guían por la ley de "Divide para Reinar". Seguir llorando por siglos sobre leche derramada es perder el tiempo y a veces los escasos miles de millones de dólares que sólo favorece a los fabricantes y traficantes de armas del extranjero, profundizando la pobreza y extrema pobreza en nuestras naciones. No olvidar que como Grecia y Roma, el Perù fuè Capital de varios imperios y nadie nos quitará ese pasado glorioso que llena de orgullo. Usos son de la guerra, la política, la justicia, el negocio y el deporte: vencer o ser vencidos, ganar o perder. Es deber de nuestra generación presente y futura, estar preparados para que no se repitan los errores y traumas del pasado.

5.- Es necesario impulsar la consolidación de UNASUR o América del Sur Unida o EUSA=Estados Unidos de Sudamérica, como nueva potencia mundial que ingrese a los foros de las superpotencias a inclinar la balanza a favor de las necesidades e intereses de los paìses en desarrollo de América Latina, como la reducción del calentamiento global de responsabilidad principal de los países superindustrializados; como un escenario de cooperación de las naciones de América del Sur, donde sin recelos ni mezquindades los paìses vecinos permitan el ingreso de nuestros investigadores para neutralizar las diferentes formas de piratería, contrabando y evasión tributaria, perseguir la delincuencia internacional, el narcoterrorismo y fanatismo ideológico que tanto daño hace al país.

6.- Iniciar la guerra contra la mugre, la basura, el congestionamiento, caos y desorden en las calles de las grandes ciudades, especialmente de centros comerciales como La Parada, producto del bajo nivel cultural, egoísmo e indiferencia de los involucrados, que compromete la imagen del Perú en ciudades extranjeras como Santiago y Paterson, no solamente acortar los plazos de expedición de pasaportes, sino también reeducar, erradicar las malas costumbres y recomendar conductas adecuadas a los migrantes, encargando el reforzamiento cultural en el extranjero a las embajadas y consulados peruanos, con manuales de urbanismo similar a la de nuestra Miss Frida Holler. En lugar de envidiar, aprender lo mejor de los países vecinos.

7.- En la Academia Diplomática y las universidades públicas, prestar especial atención a las investigaciones de innovación científica y tecnológica que favorezcan el desarrollo multisectorial del Perú en el Mundo, con especial atención al desarrollo de las microempresas en el marco de los TLC, ALCUE, APEC, Misiones Comerciales, ferias y otros eventos que permitan visualizar y recomendar la producción y colocación de productos en el mercado exterior, previo desarrollo de la industria alimentaria por ejemplo, con el apoyo del Estado al primer viaje y créditos blandos para el segundo y tercer viajes.

8.- Contra el centralismo y monopolio de Nueva York, que se parece al centralismo limeño, proponer la rotación anual de la sede de la Secretaría General y asambleas anuales de la ONU, a los 5 continentes. También de la OEA y demás instituciones internacionales. Como ocurre en UNASUR y CAN. Alguna vez la Asamblea General de las Naciones Unidas debería realizarse en Bolivia o Perú que también podrían ser sede rotativa anual de la Secretaría General, para ver más de cerca los problemas y soluciones.

9.- Es hora de hacer realidad UNASUR, contra la penetración y posibles amenazas de potencias extranjeras, como en el caso de Las Malvinas, así como la apropiación de minerales finos y restos arqueológicos de culturas anteriores a la presencia hispana en América del Sur, caso Universidad Yale, seguramente con la complicidad de antipatriotas incultos y mercaderes. Cuidado con el chuponeo electrónico internacional, la falta de respeto y la discriminación que por simple sospecha puede llevar a faltar el respeto a presidentes, como el retorno y allanamiento de su avión. Distinto sería si hubiera un satélite unasur en el espacio.

10.- Avanzar el proyecto UNASUR con la unidad monetaria, Parlamento Sudamericano, celebración multinacional de la industria cinematografíca sobre las gloriosas batallas de Junín, Ayacucho y 2 de Mayo, Maratón Internacional de Folklore (Estilo Berlín), Feria Internacional de Inventos, innovaciones, gastronomía y otros sectores productivos que superen a la FIP, celebración conjunta de las fechas de independencia nacionales, a fin de prevenir las pretenciones colonialistas y expansionistas de las superpotencias extranjeras. Ponerse al día en todos los campos de la ciencia y la tecnología de punta.

11.- Mediante la industrialización, sacar del aislamiento y lejanía a los recursos naturales de la Amazonía y los Andes, hacia los mercados de las cuencas del Atlántico y del Pacífico, a través de la prolongación de la infraestructura de transporte multimodal (Bayovar- Yurimaguas-Iquitos-Manaos/ Callao-Oroya-Pucallpa-Brasil/Lima- Pisco- Ayacucho-Apurimac-Cusco-Iberia-Iñapari-Brasil/Matarani-Arequipa-Puno-Bolivia-Argentina e Iquitos-Quito-Guayaquil vía Río Amazonas y Cordillera del Condor. Turismo por Ferrocarril Tacna-Arica-Bolivia..

12.- Organizar empresarial y profesionalmente a Familias de Patriotas desempleados, para con el apoyo económico y técnico del Estadpo, seguir, reforza y perfeccionar el ejemplo del pescadito del peruano Ezequiel Ataucusi, avanzar en la Conquista del Este Peruano ó colonización productiva de las fronteras vivas de la selva peruana, como la mejor forma de evitar el saqueo de las maderas finas y oros de la amazonía peruana, por bandas de traficantes, piratas y contrabandistas internacionales que ingresan armados a través de los países vecinos. Hasta en avionetas. No basta un soldadito mal pagado y olvidado en una casucha cada 10 kilómetros de selva inhóspita.

Equipo Asesor: internacionalistas como Openheimer de Canal N, Profesor Kahat, Ariel Segal, César Arias Quincot, empresarios y profesionales voluntarios a condición de dietas del Estado por su aporte de conocimientos y experiencias con resultado positivo y constructivo, expertos de la cooperación internacional, BID, BM,

22. DIAGNOSTICO PRONOSTICO IDENTIFICACION LOCALIZACION ANALISIS CUANTIFICACION DEBATE PÚBLICO Y DIALECTICO COSTIFICACION INVESTIGACION EDUCACION CAPACITACION PLANIFICACION DE LAS REFORMAS DEL ESTADO

Síntomas: El problema central de la Nación que debemos verla como la Gran Familia Peruana es que a pesar de las cifras macroeconómicas excepcionales, unos cuantos hijos son los privilegiados que se llevan la gran vida mientras la mayoría sigue olvidada como los hijastros; no es si los partidos gobernantes son de la polarizante y obsoleta izquierda o derecha, sino si sus gobernantes son los más capaces, honestamente preparados para compartir, calificados para entender y erradicar las taras y males de la Patria por haberlos sufrido y curado en carne propia, o intentar curarlo como Alcides Carrión. No solamente es cuestión de vestir el uniforme deshonrado con el acta de sumisión a la dictadura y corrupción de fines del Siglo XX Peruano; es cuestión de que nos siguen gobernando centralistamente desde palacio con la tolerancia de la SUNAT a los descendientes e imitadores de virreyes, piratas, corsarios, filibusteros, contrabandistas, testaferros y felipillos que saquearon el Perú con desprecio de los dueños anteriores de los recursos naturales que Dios le dio al Perú.

Grave Crisis de Valores, comenzando por los Otorongos y tránsfugas llevados por el caballero don dinero al Congreso donde han convertido la inmunidad en impunidad de los delitos, faltas graves y excesos como el fijarse remuneraciones, pensiones y privilegios por encima de lo moral, racional y legalmente permitido, bajo el amparo de una malentendida independencia de poderes. Este abuso no es ajeno a los otros poderes, en los cuales pretenden justificar la corrupción por la necesidad y bajo sueldo, olvidando el apostolado de servir a la Patria y que si hay buena educación "El hecho de ser pobres no quiere decir que hay que robar o corromperse", notándose la ausencia de un órgano imparcial del Pueblo para fiscalizar y normar con racionalidad y sentido común, de acuerdo a la solvencia del Estado y a las necesidades de las grandes mayorías nacionales.

El centralismo de los órganos de racionalización de las inversiones públicas, agrava la limitada capacidad operativa de las regiones, provincias y distritos para concebir, diseñar y ejecutar proyectos de desarrollo con rentabilidad social, económica y responsabilidad ambiental.

PROPUESTAS:

1.- Contra el caos y los privilegios remunerativos y pensionarios del Estado, agravado en la Década del 90 por la despedida masiva de trabajadores, ruptura del Sistema Internacional de Cargos Clasificados y remuneraciones escalonadas, previa verificación de la autenticidad y comparación de títulos de estudios profesionales, post profesionales y evaluación de productividad, recrear la Carrera del Servidor Público, la Escala Racional de Remuneraciones y Pensiones, basadas en cargos técnicamente clasificados y piramidalmente categorizados, evitando cualquier tipo de concentración familiar y nepotismo, homologando y transparentando los ingresos de los servidores públicos desde los cargos civiles y uniformados equivalentes más encumbrados hasta el Soldado y Servidor más humilde. No se puede ver al Estado como la hacienda de unas cuantas familias o castas, con insultantes signos exteriores de riqueza de una minoría insensible e indiferente. A pesar de ser dueño de una clínica millonaria, ¿Es moral que un ex jefe del SIS, cargo de confianza del anterior gobierno, siga ocupando una plaza con el actual gobierno?. Un caso de ambición desmedida para concentrar poder y riqueza.

2.- Homogenizar la prosperidad del Sólido Norte Peruano cifrado en el aprovechamiento de sus pródigos recursos naturales, con la industrialización de la Macro Región Sur y la consolidación del desarrollo planificado de la Mega Región Centro, desde las 200 millas marinas hasta la exportación de los excedentes de su producción a los mercados del Atlántico, optimizando el uso y distribución racional del canon para mejorar la calidad de vida y proyección internacional a la infraestructura de transporte multimodal, como la modernización y armonización empresarial binacional de las medidas del histórico transporte ferrocarrilero con los países vecinos de Bolivia y Chile

3.- Una sólida y duradera estabilidad política y social requerida por la cristalización de los grandes proyectos de desarrollo, sólo será posible alcanzar construyendo un Sistema de Carrera Política, similar a la de Seguridad y Defensa, que despierte y aliente el interés de todo peruano de iniciarse como líder de barrio, pasando a dirigente comunal, regidor y Alcalde Distrital,

Líder, Regidor y Alcalde Provincial, Líder, Consejero y Presidente Regional, Líder Nacional, Diputado, Senador o equivalentes, adquiriendo la Experiencia-Madre de la Ciencia para tener la oportunidad de prepostular, postular y competir para la máxima aspiración de todo peruano: La Presidencia de la República. No a la improvisación de los candidatos y partidos políticos de última hora, que no conocen ni la realidad y necesidades de su distrito. No a la casualidad de las encuestas y el dinero.

4.- Por Ley de Solidaridad, establecer, ennoblecer y consagrar el Padrinazgo para que los exclusivos centros educativos de prestigio inalcanzables para el Pueblo como el Newton y Roosevelt, Universidades como la PUCP, UPC, Pacífico, Vallejos, clínicas como Ricardo Palma, hoteles como Sheraton, Marriot y Westin, municipalidades envidiables como San Isidro, Miraflores, Surco, San Borja, La Molina, Chaclacayo, restaurantes como Rosa Náutica, Alfresco, Gastón, Costa Verde, Pardos`s Chicken y Hanzo, Mc. Donald y KFC, empresas exitosas como Buenaventura, Alicorp, Gloria, Nestlé, Wong, Paraíso, Metro, Saga Falabela, Ace, Sodimac, Ripley, Oechsle, Cine Planet, agencias de viaje como Lima Tur, clubes como el Regatas y los de Asia, clínicas Ricardo Palma, Internacional, Javier Prado, compartan algo de su prosperidad y know how no solamente con los emprendedores de las principales ciudades, sino también contribuyendo en la standarización de sus pares en las más de 200 provincias y cerca de 2,000 distritos del Perú Grande, con el apoyo de la burocracia pública; perfeccionando el ejemplo de los colegios Markhan y Von Humboldt. ¿Porqué no compartir la carne con los pobres?.

5.- Perfeccionar las ventas de empresas públicas llevados a cabo apresuradamente por los gobiernos del pasado, vía capitalización crediticia pública, capacitación y participación de la micro empresa privada para competir con los monopolios gigantes como telefonica, para colocar los precios y servicios al nivel de los stándares internacionales, que elimine la sensación de que continúan los saqueos del pasado histórico de los países atrazados por las necesidades de las superpotencias en crisis.

6.- Siguiendo el ejemplo de las ENMIENDAS Parlamentarias de los Estados Unidos, ampliar o modificar la constitución y las leyes, de acuerdo a la necesidad de la realidad pluricultural del Perú, a fin de posibilitar el ascenso equitativo de las etnias

Aymara, Quechua, Wanca, Chanca, Pocra, Wanca, Ashaninka, Aguaruna, Campa, Jíbara, Bora, Aguajun y otras autóctonas exluidas de la Selva, los Andes y Afroperuanos, a los puestos de gobierno municipal, regional y nacional. Quién mejor que ellos mismos para defender los intereses y derechos de sus comunidades, desde los puestos que puedan ocupar en los Poderes del Estado.

7.- Acorde con el avance de la descentralización, contrarestar el centralismo limenño, desdoblando la Provincia Metropolitana de Lima, en las provincias de Lima Centro, Lima Norte, Lima Sur y Lima Este, que se complementen con la Provincia Constitucional del Callao (Lima Oeste). Asimismo, desagregar los populosos distritos de San Juan de Lurigancho y La Victoria, a fin de facilitar la solución de sus álgidos problemas de migración y subdesarrollo. Es decir, cuanto más complejos y voluminosos sean sus problemas, dividir para facilitar su solución, sin llegar a desmembrarlos.

8.- Facilitar el manejo de la administración del Estado, mediante el sistemático uso de la Matriz Insumo Producto de la Teoría Matemática de Leontief que permite el análisis metodológico y comprensión de la problemática nacional, planificar y optimizar la solución vía asignación de recursos presupuestales por funciones, objetivos, metas, programas, proyectos, actividades y tareas con rendimientos y resultados medibles en los diferentes sectores públicos verticales productores de bienes tangibles, y los organismos horizontales alimentadores de servicios indispensables que insume el aparato productivo del Estado.

9.- Contra la ineptitud y la corrupción, contra el oportunismo y transfuguismo, contra el mercantilismo de los políticos que tanto daño hacen al Perú, como la carrera militar, magisterial y diplomática, la carrera política requiere que todo Partido Político sea una escuela de líderes que forme cuadros de precandidatos a gobernantes de los diferentes niveles y sectores de la administración del Estado. En esas canteras deben formarse, no solamente buenos oradores, sino los futuros peruanos-motores que ingresen a la política desde cargos dirigenciales constructivos del desarrollo de su barrio, para ascender con todo derecho sucesivamente a los de Regidor y Alcalde Distrital, Regidor y Alcalde Provincial, Consejero y Presidente Regional, Diputado y Senador o ViceMinistro y Ministro, o escalones equivalentes en los otros poderes del Estado, antes de postular a la Presidencia de la República. También los asesores y expertos en la formulación y ejecución de los proyectos de desarrollo individual y colectivo, cuadros directivos, profesionales y técnicos, no sólo de pagadas o inocentes borregas masas portátiles de marchantes disciplinados, seguidores de estandartes sin convicción ni conciencia y menos compromiso.

10.- Contra tanta improvisación e imprudencia, poner fin a los partidos políticos clandestinos, impersonales y descartables sin sede social conocida. No más vientres de alquiler cuyos pepes el vivo prostituyen la política y democracia, provocan la metamorfosis de las organizaciones violentistas para intentar ingresar al concierto de los partidos democráticos. Los puestos de gobierno nacional deben ser la culminación de una carrera que se inicie en las bases de la sociedad y no fruto de la casualidad o el privilegio o la prepotencia de algunos dormilones enquistados o interesados sólo en salir millonarios, de espaldas al Pueblo, restando oportunidades para nuevos cuadros. Establecer las cámaras de senadores y diputados de nivel departamental y municipal, como semilleros de las de nivel nacional.

11.- Contra la confusión que crean la especulación de las encuestadoras y el libertinaje de algunos medios de comunicación social, la improvisación de todo candidato y partido político que aspira gobernar el país por primera vez, la fortaleza de los candidatos a la Presidencia de la República debe darse por el resultado de las elecciones democráticas primarias al interior de las organizaciones políticas, bajo la supervisión de la ONPE y financiamiento del Estado. Los planes de gobierno deben tener una maduración mínima de 10 años, lo contrario es simplemente improvisación de partidos sin trayectoria ni presencia visible que solo existen en el papel y aparecen para cada proceso electoral.

12.- Ante la lentitud de la ejecución de proyectos de desarrollo descentralizado, con asesoramiento del PNUD crear en las universidades públicas de cada provincia, las facultades y los postgrados de Estudio, Formulación, Ejecución, Seguimiento, Supervisión, Evaluación y ajuste de los proyectos de desarrollo, racionalización de cargos y procedimientos. Un centro de investigación e innovación científica y tecnológica para el Desarrollo. Otro de evaluación, racionalización, capacitación y promoción anual de la burocracia, carrera de la administración pública similar a la de seguridad y defensa nacional. Escuela y

Facultad de Chofer Profesional. Becas de Post Grados en Alemania, Estados Unidos, Inglaterra, Francia, Japón, Francia y China para los profesionales más destacados y comprometidos con el desarrollo integral descentralizado, inversión retornable si por conveniencia personal el becado se queda en esos países.

13.- El prestigio, respeto y desarrollo de la democracia peruana requiere de partidos políticos fuertes e identificables de menor cantidad y mayor calidad, ubicables permanentemente, y no de organizaciones descartables improvisadas a última hora por la ocurrencia de algún ambicioso de poder, descartables o metamorfisables que desaparecen después de cada proceso electoral, sin escuela ni domicilio legal conocido y permanentemente abierto para ser visitado por el público, ni renovación periódica de sus cuadros dirigenciales y equipos técnico-profesionales, sin la suficiente preparación para cumplir a cabalidad las más altas y complejas responsabilidades de gobernar el país. Profesionalizar la carrera política desde niveles equivalentes al kinder, a la primaria, secundaria, instituto, universidad y pos grado de los partidos políticos. Lo contrario es poner la Nación en manos de improvisados y aventureros politiqueros, de tinterillos y curanderos de la política.

14.- Poner fin al nepotismo, transfuguismo, oportunismo, al otoronguismo y "viveza criolla" de los politiqueros empíricos, a los mataperros, comepollos, bellas durmientes y demás taras, estableciendo como para cualquier profesión, una Línea de Carrera Política desde las Bases, donde los líderes aprendan primero el trabajo productivo, constructivo y dirigencial desde los puestos de nivel comunal y distrital, antes de aspirar a los puestos de gobierno de nivel provincial, regional y nacional, como realización y culminación de la Carrera Política a la cual tiene derecho todo peruano, desterrando cualquier reelección inmediata que en el Perú desgraciadamente es sinónimo de abuso de poder y corrupción. Los que demuestren capacidad y honestidad, también pueden postular a dirigir los organismos de nivel andino, sudamericano, americano y de las Naciones Unidas.

15.- Cual faro orientador del rumbo de las naves, contra lamentables y costosas soluciones tardías de los conflictos laborales, sociales, políticos, territoriales, etc. (tipo Baguazo, Moqueguazo, Cajamarca, Casapalca, Islay y recientemente Puno), crear el Multisectorial Sistema de Inteligencia,

Investigación, Prevención, Desactivación y solución oportuna de Conflictos y catástrofes, bajo la dirección de la Defensoría del Pueblo, sin exclusión de los congresistas, autoridades regionales y municipales. Premisa: Prevenir antes que lamentar.

16.- Es una cachetada a la extrema pobreza que estén amontonados como chatarra, vehículos motorizados de uso militar y civil obsoletos que le costaron miles de millones de soles a la Nación, cuando debería desarrollarse la industria militar y civil que los transforme en útiles bienes de capital, como la conversión de tanques en tractores oruga para la producción agrícola y construcción de carreteras, los navíos y aviones en flotas de naves mercantes o pesqueras o de turismo y recreación empresarial, los vehículos de los otros ministerios y organismos públicos en medios de tansporte rural.

17. Amenguar las diferencias abismales entre los gobernantes y autoridades con sueldo, secretaria, asesor, chofer, costosos vehículos 4x4 de lunas polarizadas, marca fina, combustible, lubricantes, repuestos y mantenimiento, y el Peruano de A pié que no percibe ninguno de dichos privilegios, encargando tales servicios a empresas de taxistas que por lo menos entregan factura con IGV, para cuando tengan que cumplir algún servicio importante para el Estado. Nada de avión presidencial, para evitar la parranda de Alejandro y la sospecha de Evo.

18.- Contra los riesgos de la improvisación, asignar los recursos del presupuesto público en atención a las prioridades de los niveles distrital, provincial, departamental y nacional del Sistema de Economía y Planificación del Desarrollo a corto, mediano y largo plazo, con participación de los nativos, las fuerzas vivas del sector privado, los partidos políticos vigentes, las organizaciones gremiales y sindicales, para prevenir los problemas antes de lamentar, evaluando y capacitando permanentemente a los técnicos y profesionales involucrados.

19.- Crear el Ministerio de Industria Forestal para dirigir la política de represamiento de lluvias que permita multiplicar empresarialmente las plantaciones de árboles frutales como el algarrobo en los desiertos, medicinales y maderables como los eucaliptos u otros árboles que refuercen la defensa contra los desbordes de los ríos andinos, y emprender la reforestación de la amazonía depredada por la minería y el narcotráfico, con el apoyo de las compañías mineras, la comunidad nacional e internacional. Igualmente, la recuperación de especies en extinción como la caoba, el cedro, algarrobo y la floricultura exótica, las algas marinas y lacustres.

20.- Por razones prácticas y de simplicación, uniformar en 5 años los plazos de todos los niveles de gobierno, planificar las Elecciones Generales en tres fechas bimensuales: Primera fecha para la elección de autoridades de gobierno nacional, Segunda fecha para la elección de autoridades de gobierno regional, tercera para la elección de las autoridades de nivel municipal y comunal. De esta manera, se fortalecería la fuerza legal, democrática y moral de la autoridad nacional sobre los riesgos de insubordinación perjudicial de alguna autoridad de menor nivel.

21.- A fin de potenciar su capacidad operativa, la Plancha Presidencial debe incluir 3 vicepresidentes: uno por la Macroregión Norte, los otros por las macrorregiones Sur y Centro. Asimismo, un Equipo de 12 Asesores y Coordinadores Especializados: 1 por la Mar, 1 por la Costa, 1 por la Sierra y 1 por la Selva, de las 3 macroregiones. Otro Equipo de 5 Asesores y Coordinadores Internacionales en los 5 continentes: El primero como el Peruano Andrés Romero Vilca, para coordinar los asuntos de migración peruana en Norte América..

22.- Para lograr la estabilidad jurídica del país sin las matanzas de Bagua y Andahuaylas ni las muertes de Casapalca, Conga y Pichanaki, el Gobierno Nacional debe recordar que después de Dios está la VOX POPULI, origen de las leyes y decisiones que para tramitarlas se debe escuchar a las organizaciones sociopolíticas de base y los niveles intermedios de gobierno, antes de su aprobación por el Congreso y promulgación por el Presidente de la República, previo debate en los colegios profesionales, las universidades, trabajadores manuales e intelectuales, cabildos y acuerdos correspondientes.

23.- Contra los descontrolados autoaumentos de ingresos de los congresistas, signos de enriquecimiento ilícito y abusos de poder, la impunidad por toma y daca de los poderes del Estado, el compañerismo que huele a favoritismo injusto, crear la Asamblea de Contribuyentes de nivel nacional, regional, provincial y distrital que, junto con las instituciones representativas del Pueblo, rescate el Cabildo Abierto, para conocer, transparentar, debatir y frenar los abusos de poder y luchar contra la crisis de valores. Fiscalizar los pagos de impuestos sobre los capitales generados en el Perú que migran al extranjero, especialmente los procedentes de las provincias más pobres.

24.- Como los postulantes a la Presidencia y Congreso de la República, para tener mayor fuerza, todas las autoridades de los otros poderes del Estado, deben también formular y publicar sus planes de desarrollo a corto, mediano y largo plazo. Estudiar que todos sean ocupados por voto secreto y universal de los trabajadores públicos, manuales e intelectuales, ratificados por el voto de los trabajadores del Poder.

25.- El énfasis de todos los sectores productivos debe estar centrado en la industrialización que transforme los recursos naturales generando mayores oportunidades de trabajo para agregar el mayor valor posible para la exportación, cambiando la condición odiosa y simple de país exportador de materias primas. A ver si seguimos el ejemplo de siglos de Revolución Industrial de las superpotencias.

26.- En base a las procuradurías, fiscalías, contraloría, crear el Sistema de Defensa del Tesoro del Estado presidido por el Mayor Contribuyente según la SUNAT e integrado por prestigiosos detectives, auditores, magistrados, contralores, legisladores, procuradores honestos, patriotas, comprometidos y jubilados, para investigar y denunciar con independencia de criterio y sin conflicto de intereses toda forma de corrupción y delincuencia contra los fondos del Estado que son el tesoro del Pueblo y para el Pueblo.

27.- Contra la creciente conflictividad de la Nación, revivir y fortalecer el Sistema de Cabildos Abiertos o TAKANAKUY IDEOLOGICO a nivel nacional, regional, provincial y distrital, donde la Asamblea Popular pueda debatir, analizar, dialogar, disipar, decantar pacífica, dialéctica y democráticamente sobre las causas del malestar, las propuestas de solución, consecuencias y beneficios de las controversias, bajo la presidencia de la autoridad o líder o ciudadano con mayor ascendencia, consolidando la tranquilidad, credibilidad y gobernabilidad del Perú.

28.- Bajo la presidencia de los microexportadores, con el asesoramiento y apoyo de COMEX, ADEX y el Estado, crear el Sistema de Comercio Exterior de las mypes, que desarrolle la capacidad de transformación industrial y exportadora de la amazonía, de los andes, afroperuanos, urbano-marginales y condenados del Perú, mediante la formalización y preparación en micro y pequeñas empresas autosostenibles, para participar en ferias internacionales de los países superdesarrollados y traer conocimientos y experiencias aplicables en el Perú. Las grandes empresas tienen experiencia y solvencia para desenvolverse solas.

29.- Potenciar el Sistema de Comercio Interior, bajo la dirección de la cámara nacional, regional, provincial y distrital de comercio, para impulsar el desarrollo de las ferias distritales, provinciales, regionales, nacionales e internacionales de inventos, franquicias, innovaciones científicas y tecnológicas, de industria agrícola, pesquera, ganadera, floricola, frutícola, artesanal, gastronómica, alimentaria, frutícola, turistica, industria forestal y de energía hidroeléctrica, solar y eólica, ahorro de agua, saneamiento, aprovechamiento de aguas servidas y otros sectores productivos de bienes y servicios para mejorar la calidad de vida de los peruanos.

30.- Para postular a los cargos de Presidente de la República, Congresistas, Vocales de la Corte Suprema y otros equivalentes, los candidatos deben primero demostrar que no llevan una vida parasitaria, que son contribuyentes puntuales, que tienen trabajo honesto y productivo que les permite autosostener su Familia, tamizado por la carrera judicial y política desde las bases vecinal, comunal, distrital, provincial y regional, de modo que lleguen a la pirámide organizacional los más capaces y menos sinvergüenzas, así habrá menos corrupción y más respeto por el dinero producto del sudor y privaciones del Pueblo.

31.- Alguna vez quisiéramos que también los partidos políticos del Perú que parecen clubes de familiares o amigos que se rigen por la dedocracia, la ambición y el monopolio mesiánico de poder, practiquen la democracia nacida en Grecia y perfeccionada por la Gran Bretaña y los Estados Unidos, que no obstante sus imperfecciones debemos considerarla modelo del Mundo Libre, donde al interior del Partido Demócrata prepostularon primero los contendores Hilary Clinton y Barack Obama, antes de que el victorioso enfrentase y ganase al Republicano McCain. Una vez conocido el ganador, como todo anglosajón todos empujan el carro para sacarlo del atolladero, a diferencia de los latinos que nos regimos todavía por la Ley del palo encebado.

32.- Estudiar la simplificación, modernización, sistematización y automatización de los órganos del Poder Electoral y sus procedimientos, en armonía con la forma de gobierno unitario e indivisible, con fuerte mando vertical cuando sea necesario, de modo que el proceso electoral culmine con la elección de la autoridad suprema de la Nación, el Presidente de la República, por 2,000 senadores (1 por distrito), 4,000 diputados (2 por distrito), 25 primeros vocales de la Corte Suprema, 50 primeros vocales de Cortes Superiores, 250 presidentes y consejeros regionales, 2,000 alcaldes y regidores provinciales, 20,000 alcaldes y regidores distritales, 30,000 presidentes y dirigentes de las comunidades campesinas, 20,000 presidentes y dirigentes de organizaciones empresariales distritales, 20,000 secretarios generales y dirigentes de organizaciones de trabajadores distritales, 2,000 directores, jefes, oficiales y Técnicos de mayor graduación del Sistema de Seguridad y Defensa en las 200 provincias 1,000 presidentes y dirigentes elegidos por las asociaciones de jubilados y retirados pensionistas civiles y uniformados, 2,000 dirigentes de las organizaciones juveniles, 2,000 de los colegios profesionales, 2,000 de los docentes universitarios y 1,000 desempleados Así no habrá un Santos ambicioso que frene el crecimiento y desarrollo nacional, eso sí con inclusión económica, social y política de las comunidades afectadas. Antes, todos deben dar pruebas no sólo de tener RUC, sino de haber pagado sus impuestos, generado empleo y divisas para la Nación.

33.- En las diferentes instancias de los poderes del Estado, deben haber representantes de las etnias, guardianas de los territorios, recursos, bienes, intereses y derechos del Perú en las áreas rurales amazónicas, altoandinas y costeñas que ocupan, así como de sus descendientes que migraron al extranjero en busca de las oportunidades negadas por el país, en justo reconocimiento al cuidado del patrimonio nacional y al peso de sus remesas en beneficio de la economía nacional.

34.- El Sistema Electoral Peruano no debe limitarse a la acción pasiva en las elecciones primarias al interior de los partidos políticos, sino crear los mecanismos de supervisión del cumplimiento de la alternancia y de las normas de la democracia, sobre todo en los procesos preelectorales, a fin de evitar el monopolio, autoritarismo, la perpetuidad, el copamiento, el nepotismo, la dedocracia y prepotencia frustrantes de la saludable y fluída y contínua formación, decantación y renovación de cuadros de líderes técnico-dirigenciales y políticos capaces de dirigir los distintos niveles de gobierno. No a la reelección inmediata en los puestos públicos, todos deben bajar a reaprender a producir, los excepcionales podrán ser llamados como asesores, nadie debe ser imprescindible, todos deben aprender contra la dictadura del monopolio del poder.

35.- Contra la fama del Estado mal empresario y condición de país exportador de materias primas, con transparencia, equidad y amor al Pueblo, sin corrupción, llamar a emprendedores y profesionales peruanos patriotas, comprometidos, capaces y honestos para darles la oportunidad de crear y dirigir empresas públicas con capital del Estado que rompan los monopolios y compitan con las empresas privadas nacionales y extranjeras, en todos los sectores, particularmente en los campos prioritarios para el desarrollo nacional como el nutricional, hidroenergético, aviación comercial, marina mercante, industria de seguridad y defensa rentable, sobre todo para levantar el desarrollo allá en los territorios y en los mercados abandonados por ser "no rentables" para la empresa privada, a cambio de una remuneración de supervivencia fuera de escala, como una manera de medir el patriotismo y generosidad del peruano con valores, en un país donde el patrón de comparación es el sector privado del Perú y de los países superdesarrollados.

36.- Contra la falta de oportunidades para los extremadamente pobres, generalizar en todas las provincias la educación nocturna gratuita para la primaria, secundaria, técnica y universitaria, de modo que haya la posibilidad de realización individual y colectiva, trabajando de día y estudiando de noche o viciveersa. Para los pobres no hay otra salida: Por lo menos 8 horas para trabajar, 8 para estudiar y 8 para descansar, superando a los mártires y conquistas de Chicago, quienes señalaron el sendero: eight hours por work, eight hours for rest, eight hours for sleep, hace rato perfeccionados por los campesinos micro agricultores, ganaderos y comerciantes, para quienes no hay sábado, ni domingo ni feriado, porque los ganaditos comen día y noche y a veces no hay pasto, porque las plantas piden agua y a veces no hay, y tienen que elevar la mirada al cielo, walanchar, tardinchar, tutapchar.

37.- Si de verdad quieren servir al Pueblo y no servirse de él, los gobernantes elegidos por el voto popular, en su mayoría dueños de minas de oro o alguna empresa u otra forma de riqueza legal, no deberían percibir sueldos elevados y pensiones permanentes, sólo ingresos transparentes e indispensables para vivir decorosamente, compensaciones por derecho de autor de proyectos productivos, rentables y beneficiosos para solucionar los problemas de la Nación, particularmente contra la desnutrición y extrema pobreza, en demostración de su vocación de servicio, sensibilidad y responsabilidad social.

38.- Contra la excesiva dispersión y duplicidad antieconómica de los servicios del Estado, materializar la sistematización y complementación de capitales ociosos o que trabajan a media máquina, articular con sus similares del Sector Privado, a fin de homogenizar las oportunidades de nutrición, educación y salud para todos los peruanos. Son inconcebibles hospitales de la Defensa funcionando a media máquina en tiempo de paz con médicos de altos grados y sueldos, mientras observamos supercongestionados los de la Beneficencia, Ministerio de Salud y Seguro Social, ni hablar de los médicos, las clínicas, farmacias y los laboratorios del sector privado extremadamente mercantilizado. Es hora de que despierte algo de la sensibilidad humana de las clínicas y universidades para, además de crecer libre e inconteniblemente en los distritos más ricos del Perú, abran también sucursales que descentralicen sus servicios por lo menos a las provincias más pobres del Perú. Quienes mejor para comprender mejor las consecuencias de la desnutrición materno infantil.

39.- La democracia y la libertad, la oferta y la demanda del mercado libre no puede servir solamente a la acumulación incontenible de riqueza por las sofisticadas superclínicas, colegios y universidades privadas, al parecer sin ninguna sensibilidad ni responsabilidad y proyección social hacia los más necesitados del Perú, muchos de los cuales se mueren sin saber lo que es un médico, sobre todo en los Andes inhóspitos y la Amazonía rural impenetrable, a ellos el Pueblo clama compartir, siguiendo el ejemplo del inmortal Daniel Alcides Carrión y tantos héroes y filántropos de la medicina, sin aprovecharse del dolor humano que inhibe el derecho a pedir factura.

40.- Con las cifras macroeconómicas expectantes de la economía nacional, cuyo chorreo o goteo no ve todavía gran parte de los pobres extremos, a partir de las amargas y sangrientas experiencias del Baguazo, Casapalcazo, Moqueguazo y Congazo, ante la colisión de aspiraciones y derechos contradictorios del capital y el trabajo, del campo y la ciudad, en Cajamarca, Puno, Junín, Madre de Dios e Islay, una vez más el Estado tiene que prevenir antes que lamentar. Toda norma legal, toda decisión gubernamental debe nacer desde las bases, responder no solamente a las necesidades de desarrollo equilibrado de las regiones y de la Nación, sino también a los intereses y proyectos de desarrollo integral de las poblaciones más pobres, recibir la aprobación en lo posible unánime de las poblaciones involucradas, la opinión favorable de sus organizaciones sindicales, gremiales, universidades, colegios profesionales y demás fuerzas vivas de la localidad, detrás de un objetivo común: Ganancia y acogida de la Inversión Privada que también promueva el desarrollo integral de las comunidades guardianas, sin destruir la naturaleza, respetando el medio ambiente. No más ríos muertos como el Mantaro.

41.- Contra el otoronguismo, no a la castrante reelección inmediata, y menos a la rereelección consecutiva e indefinida en todos los cargos de gobierno de nivel nacional, regional, provincial y distrital que en el Perú es por lo general sinónimo de dictadura, corrupción, abuso de poder, nepotismo, favoritismo y privilegio, enriquecimiento desmedido, privando a las nuevas generaciones de la oportunidad de aprender a servir al país, dejándolo acéfalo a su muerte, más aún cuando no han bajado a las bases de los 2,000 distritos a hacer docencia, formar cuadros para el futuro, a enseñar a producir. También distrae a la autoridad del pleno cumplimiento de sus funciones (congresistas y alcaldes reeleccionistas abandonan sus puestos para dedicarse a su campaña con recursos del Estado, poniéndose en ventaja con sus altos ingresos sobre los prepostulantes nuevos, privando al país de ideas nuevas de desarrollo), distrayendo más de un año en salir a limpiarse de los escándalos y acusaciones de corrupción.

42.- Establecer la actualización permanente de la teoría y práctica científica y tecnológica de los directivos, profesionales, técnicos y auxiliares de la Burocracia Pública, como los cursos de Jefes, Oficiales, Técnicos y Auxiliares de la Seguridad y Defensa Nacional. Convertir las escuelas militares y policiales en universidades de seguridad, defensa y desarrollo con inclusión social y económica, equivalentes a las universidades civiles, como centros de mayor investigación científica y tecnológica conectada más directamente con el desarrollo nacional, generando más profesionales, investigadores, empresarios, pensantes y futuros gobernantes, ampliando las oportunidades de realización individual y colectiva de los peruanos a través de las reasignaciones transitorias o permanentes, donde un burócrata civil o uniformado o un empresario profesional pueda reforzar al desarrollo educativo y viciversa.

43.- Siguiendo el ejemplo de Medellín, Hong Kong y Taiwan, crear mayores oportunidades de empleo y realización a los peruanos con espíritu de superación, autorizando la posibilidad de actividad económica y comercial durante las 24 horas ininterrupidas del día, en 3 turnos de 8 horas y bajo la tradicional modalidad de servicio, retén y franco, aliviando la pérdida de tiempo y combustible vía descongestionamiento vehicular y espacial, abriendo la posibilidad de "Quien trabaja y estudia, triunfa", disminuir la contaminación ambiental, creando turnos para los vehículos de placas impares 24 horas y pares durante las siguientes. "A quien Madruga, Dios Ayuda", Caminando Ahorramos Combustible y Cuidamos el Medio Ambiente.

44.- Para implementar los cambios que propone, aparte de los encasillados y solemnes Ministerios, el autor considera más técnico llamar a todas las fuerzas vivas de la Nación para, además de los organismos ejecutores de las políticas de producción de bienes tangibles del Estado Peruano, crear las Secretarías de Estado que coordinen y normen la operatividad de los Sistemas Nacionales, Regionales y Municipales de los servicios de Nutrición Materno Infantil, Salud, Educación, Autoempleo Empresarial, Cultura y Turismo, Comercio, Seguridad y Defensa Nacional, Deportes (como Brasil), Investigación e Innovación Científica y Tecnológica (Llamar Ing.Peruano Inventor Ramón Kalinowski, residente en Estados Unidos, para hacer Clínica Rodante Container de su container clínica).

45.- Por encima de los poderes del Estado, crear la Asamblea Nacional, Regional y Municipal que en cabildo abierto delibere pública y dialécticamente, para acordar las correcciones de los excesos y abusos de poder de los diferentes niveles y sectores de la autoridad de gobierno como las re-reelecciones consecutivas que generan perpetuidad parasitaria de ciertos congresistas que deben regresar al llano para reaprender a producir y vivir con el sudor de su frente, alejándolos de los privilegios que se fijan ellos mismos, actualizarse de la realidad nacional, prohibiéndoles toda reelección inmediata que además de restar oportunidades a las nuevas generaciones, demora la adecuación a los últimos avances de la ciencia y la tecnología, como la mayoría de profesores y otros profesionales congelados en el tiempo de hace 30 años de haberse graduado.

46.- Sectorizar los estudios y acciones de investigación y desarrollo de los gobiernos, sistemas y partidos políticos, desde el nivel distrital, provincial y departamental, hasta el nivel nacional, particularmente del Sistema Educativo que desde la niñez debe ir perfilando la vocación de los futuros regidores, secretarios y líderes especializados en Desarrollo de la Nutrición Materno Infantil, desarrollo de la industria pesquera, ganadera, agrícola, forestal, frutícola, florícola, ambiental, minero, turistico, artístico, cultural, cinematográfico, comercial, etc. que alguna vez reemplacen a los congresistas que al parecer van al Congreso más a servirse a sí mismo que a la Nación, a dormir, vegetar así hayan quedado obsoletos.

47.- Reducir la obstrucción del excesivo centralismo de SNIP, multiplicando su capacidad a través de su descentralización departamental, provincial y distrital, difusión de sus criterios de desarrollo y formularios entre los colegios profesionales, universidades e instituciones de desarrollo, restableciendo y perfeccionando la ESAP del 70, Alma Mater de Expertos capaces de racionalizar y agilizar la elaboración, financiamiento y ejecución de los proyectos y presupuestos de desarrollo descentralizado.

48.- Contra la abismal diferencia entre el máximo y mínimo de remuneraciones y pensiones de los servidores del Estado, con criterio de transparencia, racionalidad y justicia social, previo inventario, verificación de la autenticidad de títulos, análisis y calificación de funciones, reconstruir, reclasificar y publicar mensualmente los ingresos por todo concepto de civiles y uniformados, en el marco de la pirámide organizacional jerarquizada, conforme al Sistema Universal de Cargos Clasificados y Homologados destruído en el 90, para que los contribuyentes sepan en qué se invierte sus impuestos..

49.- Convertir a la Defensoría del Pueblo en un Sistema Multisectorial de Defensa de los Pobres y Pobres Extremos de la

Amazonía, Los Andes, Afroperuanos y Urbano Marginales, desempleados, analfabetos, indigentes y poblaciones vulnerables e indefensos a nivel Nacional, Regional y Municipal, de Investigación, Prevención y Solución Oportuna y Pacífica de Conflictos Sociales y limítrofe-territoriales sin renunciar a las importantes funciones que le fija la Ley.

50.- Siguiendo el ejemplo de los Messe Alemanes, encargar al Sector Comercio la creación del Sistema de Ferias Internacionales, Nacionales, Regionales y Municipales, de nutrición, gastronomía, libros, inventos, productos exportables, franquicias y otros sectores que el desarrollo nacional requiere. Apoyar la consolidación, multiplicación y descentralización de las acertadas ideas de mistura, expoalimentaria y otras.

51.- Profundizar el desarrollo descentralizado con polos de desarrollo regionales enlazados por una red de transporte multimodal, energía, infraestructura y telecomunicaciones que faciliten la integración transversal de los departamentos de las ahora llamadas macroregiones Norte, Centro y Sur, incluyendo Mar y departamentos de la Costa, Andes y Amazonía, con visión de desarrollo hacia las cuencas del Atlántico y del Pacífico.

52.- Frenar el lucro desmedido de la expansión de sucursales de las universidades particulares, así como la migración hacia la Capital de la República y las Capitales de los Departamentos, creando en cada Provincia un Instituto y una Universidad Pública con ingreso directo de los colegios de secundaria tecnificados y con facultades que garanticen la profesionalización para el desarrollo autosostenido de la juventud local, en base a la transformación de los recursos naturales del lugar, hoy exportados como simples materias primas.

53.- A fin de aliviar la carga presupuestal de las cárceles, establecer el tratamiento de salud, educación y formación por y para el trabajo empresarial de los internos que al término de su condena salgan capacitados para enfrentar el vacío y desprecio de la sociedad produciendo empresarialmente bienes y servicios vendibles empresarialmente en el mercado nacional e internacional, que permita el sostenimiento de su Familia, sin mendigar oportunidades negadas por la sociedad, generando impuestos y divisas cuando ya tengan éxito con el asesoramiento y apoyo del Estado. Censo carcelario por nacionalidades para pedir apoyo de reinserción a la sociedad de sus países de origen.

54.- ¿Por qué no hay suficientes policías ni de día ni de noche?, porque tienen que recursearse con un 2° ó 3er trabajo. ¿Qué cuerpo resiste más de 20 horas diarias de trabajo?, ¿Nos hemos olvidado de la conquista de los mártires de Chicago 8 hours for work, 8 hours for rest, 8 hours for sleep? Esto se resolvería con el Agente de Seguridad y Defensa-Maestro-Enfermero-Jardinero-Limpieza-Medioambientalista-Reciclador-Gasfitero-Electricista mejor pagado por cada cuadra, cuidando la niñez y enderezando la conducta adolescente mientras trabajan los padres, con un nuevo concepto de seguridad y defensa integral de la ciudadanía y del medio ambiente, reviviendo y perfeccionando los tradicionales turnos de servicio, retén, franco y por sobre todas las cosas la utilidad, el buen ejemplo y respeto.

55.- Recuperar el derecho a las 8 horas contínuas o tolerantemente interrumpidas de trabajo de día o de noche para obreros y empleados, reforzando la posibilidad de también estudiar de día o de noche, para postular a puestos de mayor jerarquía y remuneración en la misma empresa o en la misma oficina pública., mejorando su poder adquisitivo y calidad de vida de la familia, la comunidad, el distrito, la provincia, la región y la Nación. O por lo menos al part time de 4 horas que permita estudiar y trabajar a los jóvenes y adolescentes.

56.- El congestionamiento y caos vehicular de la Capital y principales ciudades del país, son consecuencia de los TLC que han eliminado los impuestos a la importación de autos con beneficio directo para los importadores y grifos, derroche indiscriminado del capital salvaje, de la despiadada ostentación de riqueza acumulada por la minoría extremadamente individualista con carro para papá, mamá, para el hijo y la hija, el regalo para el nieto inclusive, sin consideración de las situaciones de pobreza y extrema pobreza que debería merecer solidaridad, austeridad y mejor orientación de los ahorrros a investigaciones e inversiones que por lo menos generen más empleo. El sistema ultraliberal que seguirá endosando al mercado, si el Estado no lo regula en función de la necesidad de los demás.

57.- Contra la pretensión de todo el mundo de querer tener su propio auto, los gobiernos deben estimular la cultura de uso de medios más económicos y preservantes del medio ambiente como la bicicleta, el aprendizaje de las ecuaciones matemáticas más simples I=A, es decir ingreso igual a ahorro. A=I ahorro igual a inversión en bienes de capital que generen oportunidades de trabajo más productivos, en lugar del consumista I=C que es gastarse todo el ingreso en consumo. Qué pena que los importadores solamente se ufanen de sus estadísticas de que venden miles de vehículos, así no tengan por donde transitar. Con ellos debería planificarse las avenidas de 3 pisos y 4 carriles: alta velocidad, velocidad controlada, transporte público, bicicleta y taxi-cholo, además de jardines y veredas peatonales inclusive en las zonas residenciales.

58.- Acorde con el tiempo de vigencia de los presupuestos públicos anuales que se inician en Enero de cada año, como en Estados Unidos, ampliar la atribución y responsabilidad de participación de la lista ganadora en la etapa de formulación del Presupuesto Público desde antes del 28 de Julio, fecha de asunción del mando de los nuevos gobiernos, para ganar tiempo y soportar la presión popular ante las ofertas hechas. O adelantar el proceso de elección, para que el presupuesto público empiece a regir desde la asunción del mando el 28 de Julio, hasta el 27 del quinto año.

59.- Con incalculables fuentes de recursos diversos, es inconcebible tener las tarifas de luz y combustible más caras que en los Estados Unidos, el teléfono e Internet más caros del mundo. Serán necesarios perfeccionar los contratos lesivos a los intereses del Pueblo que no supieron negociar los gobiernos anteriores, por lo menos equiparando los intereses de la nación con los intereses de las inversiones nacionales y extranjeras, poniendo en la balanza los intereses del Pueblo y de la empresa, del trabajo y del capital.

60.- Impulsar la industrialización de materias primas con mayor equidad e inclusión social en los diferentes sectores productivos, para sacar al Perú de la condición de país del tercer mundo y alcanzar la posición de potencia emergente, conscientes de que llevamos décadas de atraso respecto a países del continente y siglos de atraso respecto a los países del Hemisferio Norte: No repetir el error de haber retirado el tranvía, en lugar de haber continuado el proyecto ferrocarrilero del Siglo XIX.

61.- Al Pueblo y a los microempresarios se le debe enseñar el manejo de la bolsa de valores, de las compañías de seguros desde los niveles elementales del Sistema Educativo para que deje de ser privilegio de unos cuantos. Concentrar, simplificar, racionalizar y crear los incentivos, ventajas y facilidades para la formalización empresarial de los informales y ambulantes, asesorándolos y apoyándolos para la investigación, innovación, industrialización, exportación y franquiciado, es decir ayudarlos de principio a fin, hasta ponerlos en el papel de abejas laboriosas, productivas y tributarias, en lugar del zángano o de otro parásito o roedores alados campeones en quiebra fraudulenta para evadir, al parecer a través de cuentas cifradas en los paraísos fiscales, como HSBC de Suiza.

62.- Ante la probada carencia de cuadros de profesionales civiles líderes y técnicos de los partidos políticos de los últimos gobiernos que alientan la dictadura y dedocracia contra la democracia interna y externa, poniendo en riesgo su existencia y performance exitosa que necesita el Perú, racionalizar la organización y funciones, adecuar los niveles y campos del sistema educativo y la estructura interna de las organizaciones políticas que deben ser los semilleros que respondan a la necesidad de contar con cuadros de líderes profesionales y técnicos capaces de ejercer los cargos de alta responsabilidad política (Ministros, Congresistas, Magistrados, funcionarios sectoriales, regionales, municipales y equivalentes) que piensen en políticas de Estado, garanticen la continuidad del progreso y desarrollo nacional, dirigir los poderes del Estado.

63.- Como los sicaínos exitosos, quienes bajo la advocación del Santo Patrón de su Pueblo regresan a la tierra natal a postular y compartir sus triunfos con los que se quedaron, inaugurar obras financiadas con su peculio o las utilidades de su capacidad de organización empresarial, como la gallina de los huevos de oro: Plaza de Toros-construído a largo plazo, perfeccionar en el Perú la democracia descubierta en Grecia y Roma, practicada en Inglaterra y Estados Unidos, evitando el nepotismo, la dictadura y autocracia al interior de los partidos políticos, la dedocracia y manipulación cortantes de oportunidades para la formación y postulación de nuevos líderes, caras nuevas con manos limpias a los cargos de gobierno, por lo menos financiándo el Estado las elecciones primarias, bajo la supervisión de los órganos del Sistema Electoral. Los que ya fueron gobernantes, deberían convertir las instalaciones de sus partidos en aulas magnas donde enseñen gratuitamente su "experiencia madre de la ciencia política", dejar algo a las nuevas generaciones. No todo es dinero.

64.- Contra la desinformación total o parcial de los electores peruanos residentes en el extranjero, corresponde al Sistema Electoral mejorar el voto informado por lo menos de las elecciones presidenciales, mediante la difusión antelada de los proyectos de planes de gobierno de los candidatos, a través de las embajadas y consulados que tienen la obligación de llevar el directorio actualizado de los migrantes peruanos, de modo que puedan sugerir proyectos de desarrollo, incluso la mejora de dichos planes con ideas de desarrollo del contexto importante en el que se desenvuelven. Igual los migrantes del campo a las principales ciudades del país, a través de los clubes departamentales, provinciales y distritales que deben hacer las veces de embajadas para postular y votar. Seguro que allí también está el secreto para salir de la extrema pobreza. Si van a permanecer en sus lugares de origen durante su mandato, también deberían postular a los cargos de gobernantes de mayor jerarquía. De no ser así, por lo menos a regidores, consejeros y asesores de desarrollo a part time. No se puede desaprovechar mezquinamente los conocimientos adquiridos en países superdesarrollados o en las megaciudades del Perú.

65.- Replantear el vertical Ministerio de la Mujer que no produce bienes, como el integral Sistema de Salvación o Rescate de los Niños Abandonados o Huérfanos, o raptados por el narcoterrorismo, la corrupción y otras modalidades delictivas, poner fin a la Desnutrición Materno Infantil, Extrema Pobreza, Hambre Biológico y Espiritual, enseñando Educación para el Desarrollo del Adolescente, de la Juventud y las Familias Más Pobres, con énfasis en la Educación y Cultura para la Paternidad y Maternidad Responsable y Oportuna. Antes de verlos en las cárceles u hospitales.

66.- Para corregir todos los vicios y taras del Congreso de la República, madurar el Sistema de Legislación y Fiscalización Nacional que forme y filtre a los futuros Padres de la Patria desde los congresos de nivel distrital, provincial y departamental, y no que so pretexto de la democracia un desconocido llegue a la Cámara de Diputados y luego de Senadores por el antimonio a veces mal habido, sin haber realizado tarea social alguna a nivel de su base. No a los politicastros que ven a la política como negocio. Los ricos, antes de postular deberían dar cuenta de cuánto hicieron por sus comunidades de origen, si hay proporción entre su riqueza acumulada y los impuestos pagados.

No se puede jugar con el hambre del Pueblo, inhabilitar a los que compran votos.

67.- Consciente de que el pobre andino o se va a la Costa o a la Selva en busca de la oportunidad de superación, el autor considera que en lugar de la designación vertical de la administración de la zona del VRAEM, más efectivo, eficaz y productivo es crear y organizar un Departamento cuyos pobladores elijan sus autoridades democráticamente para erradicar el narcoterrorismo y solucionar sus problemas álgidos propios de un Departamento Joven, en una Ofensiva Total para Conquistar el Este Peruano, hasta el límite con Brasil, similar a la conquista del oeste norteamericano. Con el tiempo ver un VRAEM desarrollado como los demás departamentos. Igual Departamento de Monzón.

68.- Profundizar la descentralización del Estado, creando en cada distrito, provincia y departamentos los presidentes de desarrollo rural, distinto a los alcaldes que velan por el desarrollo urbano. Convocar a los ingenieros zootecnistas, agrónomos, biólogos, médicos veterinarios y profesionales peruanos y extranjeros que sean necesarios para mejorar la biogenética, resistencia y productividad de los camélidos andinos contra el frío de las alturas, complementando con invernaderos ypastizales en los valles abrigados y cuencas de cejas de costa.

69.- Todo postulante a cargo de gobierno se convierte en persona pública obligada a publicar por escrito y con la VERDAD su biografía, moral y éticamente sustentada, su oferta de proyectos de desarrollo, expuestos a la confrontación de sus electores, supervisados por la ONPE y las personalidades e instituciones imparciales como Transparencia, para los efectos posteriores de fiscalización, control, denuncia, revocatoria, suspensión, expulsión, confiscación, embargo e inhabilitación. Lamentablemente, quien carece de historial impecable no inspira respeto, por más que sea dueño de todo el dinero del mundo. Más aún si carece de emoción y obras sociales y ambientales, o si la evasión lo lleva a figurar en la revista forbes.

70.- En tiempo de Paz, todo Presidente Regional, congresista y autoridad gubernamental que en los conflictos sociales no armonice los intereses de sus electores con los del Gobierno Central, incurrirá en algún delito contra la Seguridad o Estabilidad del Estado. Y, en tiempo de conflicto interno o externo, debería constituir grave delito punible contra la Existencia Unitaria de la República, similar a traición a la Patria, automáticamente denunciable de oficio, revocable y destituible. No debe repetirse jamás el descuartizamiento del Estado en caso de cualquier forma de agresión externa.

71.- Inmediatamente después de conocidos los resultados de las elecciones generales, llamar a las ONG como Enseña Perú y universidades para informar y capacitar a los gobernantes entrantes elegidos sobre organización, funciones, facultades, competencias, responsabilidades, atribuciones, obligaciones, planes, presupuestos, asignándoles un equipo de asesores hasta los primeros 30 días de asumida la función, a fin de evitar la desaceleración del crecimiento económico con inclusión económica y social o paralización de la administración del Estado como consecuencia de la transferencia. Cada Gobierno actualiza los ROF, MOF, CAP, Manuales de Procedimientos y Cartas Funcionales en las ESAP provinciales..

72.- Prohibir toda ambición de postular a reelección inmediata al mismo cargo de gobierno distrital, provincial, departamental y nacional, porque, además de tener la ventaja de concentrar todas las formas de poder, paralizan el funcionamiento de la organización, distraen la atención al Pueblo a dedicación exclusiva y tiempo completo, provocando el inevitable uso indebido de los recursos públicos, comenzando con las 4x4, chofer, combustibles y lubricantes asignados.

73.- Nunca más permitir que sangren al Estado con el cuento de la cuantiosa indeminización por "despido arbitrario" con que se disfrazó la reasignación con ascenso de un presidente del SSP al cargo de Ministro del Interior de Alan, pretendiendo cohonestar una descarada exacción del dinero del Estado que es del Pueblo y salen de los sacrificados y modestos bolsillos de los pensionistas subempleados. También se pagaría por horas a los pobres médicos que dicen haberse quemado las pestañas más que los profesores, pero no dicen que se doblan o se triplican con las tarifasas de sus consultorios y clínicas a los que se escapan.

74.- Reimplantar la dedicación exclusiva del congresista y otros altos cargos de los poderes del Estado, hasta el último día del período, reforzando la prohibición de toda reelección inmediata a cargo público, a fin de que bajen al llano a reaprender a producir manual o intelectualmente, actualizar sus conocimientos en contacto con la realidad, no exonerarse del pago de impuestos, privarse de los beneficios y prerrogativas, realizar labor social con la suya, ganarse el pan con el sudor de su frente, dando oportunidad a la banca de nuevas caras y generaciones. A enseñar lo aprendido a los semilleros de cuadros y nuevos líderes de los partidos políticos, para que el Perú tenga otros indiscutidos Ramón Castilla, Gonzales Prada, Ricardo Palma, Mariáteguis, Víctor Raúl, Belaúndes, ricos inmateriales, con menos polvo y paja.

75.- Articular promperú, prompex, sierra exportadora, sierra productiva, INRENA, PRONAMACHS, Fundos como Louisiana del Vraem y agregadurías comerciales, para siguiendo el ejemplo de amcham, capechi, cámara de comercio peruano alemana, dotados de políglotas y tigres de la tecnología de punta, impulsen los estudios de mercado internacional, localizando, identificando los nichos, demandas, compradores de los producto de la industria alimentaria biodiversa de las microempresas formalizadas al día con el pago de sus tributos e impuestos, dando el más alto valor agregado a las materias primas como la maca, uña de gato, papas nativas, anchoveta y ahora la quinua.

76.- Evitar la proliferación de constituciones y leyes, siguiendo el modelo jurídico de los Estados Unidos perfeccionarlas como toda obra humana mediante las enmiendas con nombre del autor que debe madurarlo, discutirlo y fundamentarlo suficientemente antes de someterlo al Congreso, para que así no nos llenemos de miles de leyes que no se cumplen, que los parlamentarios lo presentaron para justificar el sueldo o tener cámara.

77.- El Sistema Electoral debe presidir la organización y fortalecimiento de los partidos políticos, el debate de la problemática nacional, departamental, provincial, distrital y las propuestas de solución desde los precandidatos, no limitarse a una labor notarial, contable y fiscal; una vez más, prevenir antes que lamentar las elecciones mal hechas, los pepes el vivo, la compra venta de votos, las revocatorias.

78.- Aprovechar las experiencias del pasado peruano y los logros Menchú de América Central para establecer el Sistema Horizontal que estudie, proponga y coordine el apoyo de todos los sectores al Desarrollo de las comunidades aborígenes altoandinas, amazónicas y afroperuanas que no logran despegar del subdesarrollo histórico-estructural, analizando, investigando científicamente las causas, proponiendo las soluciones más apropiadas.

79.- Contra la Crisis de Valores, afinar todos los filtros de ingreso al servicio del Estado, generalizar los concursos públicos, cerrando puertas a quienes carecen de autoridad moral y purgando las ambiciones desmedidas, como la del traficante ilegal de oro que no debió llegar a la DG. de Hidrocarburos, menos los descarados robacables o comepollos, planchacamisas, investigando escrupulosamente el origen de sus riqueza, si está al día con el pago de todos sus impuestos, si hubo compra de votos y favoritismo, falsificación de firmas, cuántas obras de desarrollo social hizo antes de postular. Una vez más, la autoridad legal debe sustentarse en la autoridad moral, la dignidad de los postulantes.

80.- Las diferencias abismales de nuestra sociedad no justifica tanta inmoralidad y delincuencia, no podemos perder los valores. El hecho de ser pobre no justifica ser sucio, mentiroso y ladrón. No podemos seguir viviendo estresados por la eterna desconfianza, inseguridad, intranquilidad, detrás de las rejas de una ciudad, cuartel o prisión. El autor cree necesario declarar en Estado de Emergencia a todo el país, restablecer temporalmente la pena de muerte, hasta la extinción de los encapuchados cabecillas de crimines a sangre fría sorprendidos infraganti en actos de narco-terrorismo, crímines excecrables y en banda, que atentan contra la persona o la colectividad nacional, pues se ve que a los condenados a la costosa cadena perpetua la actual tecnología de telecomunicaciones les permite seguir planificando y dirigiendo los crímines y atentados desde las cárceles, detectivizar, comandizar, equipar, adiestrar, acuartelar a los trabajadores y pobladores de los complejos energéticos y gasoductos rodeados y emboscados por el narcoterrorismo.

81.- Contra el caos vehicular de la Capital y principales ciudades de la República, racionalizar, desdoblar y ampliar gradualmente los horarios de atención del aparato productivo y del Estado de 11pm a 7am, de 7 a 15 y de 15 a 23, a semejanza de Hong Kong, de paso creando mayores oportunidades de empleo y crecimiento de la economía. En Medellin,ya hay supermercados que atienden las 24 horas seguidas, suponemos en turnos de 8 horas. Chacchando 10 hojitas de la maravillosa coca, comprobada la resistencia al sueño y cansancio, no a la droga que financia al terrorismo y engorda la riqueza de las mafias.

82.- Contra las cuentas secretas, como las de los congresistas que de espalda al Pueblo se cohonestan gastos de comisión exagerados, despertando las expectativas de los servidores de otros poderes y sectores públicos, crear los Cabildos Abiertos y Públicos de Verdad y Transparencia para ventilar a nivel distrital, provincial, departamental, nacional e internacional el uso equitativo de los recursos del Estado. No es posible que en medio de tanta pobreza extrema un médico de salud gane menos que otro del Seguro o una Secretaria.

83.- Para aliviar el asinamiento y sobrepoblación carcelaria, la carga de juicios y procesos del Poder Judicial, a imagen de la Justicia de Estados Unidos, crear los jurados distritales, provinciales, departamentales y nacionales para sancionar las faltas y delitos leves con penas pecuniarias o imponer las penas correspondientes en casos de flagrancia o delito categórica e indubitablemente comprobado y taxativamente estipulado en el Código Penal, leyes y reglamentos.

84.- Investigar y denunciar, establecer penas contra los delitos contra la democracia como la vergonzante compra del voto popular, sobre todo de los más pobres, por la ambición desmedida de los políticos de la reelección del 90, y las indignas dádivas del paternalismo con dinero ajeno, como en el pasado que resuelve el hambre de un día y alimenta la decadencia moral y ética del Pueblo.

Equipo Asesor: Para tarea tan gigantesca, llamar a los números uno de los colegios, institutos y universidades nocturnas, de las Escuelas de Oficiales de la PIP, Ejército, Marina, Aviación, Guardia Civil y Guardia Republicana del 60, del Post Grado de Planificación para el Desarrollo del PNUD del 70, ICPNA, APB, los gerentes de las empresas nacionales y extranjeras a las cuales ha tenido el honor de servir, los alcaldes sobrevivientes de la década del 80, y al Peruano Ing. Ramón Kalinowski, inventor del Container Clínica de EE.UU., a los expertos en Racionalización de Organizaciones, Funciones, Procedimientos y Métodos, racionalización, planificación, programación presupuestaria por resultados de las Naciones Unidas, Universidades, colegios profesionales, voluntarios comprometidos de la comunidad nacional e internacional. A los críticos politólogos Dubois,

Mariátegui, Sinesio, Agustín Figueroa, Ponce de León, Carlos Basombrío, Rospigliosi, economistas Indacochea, Gonzales Izquierdo, Palomino y Secada, RM Palacios, Tafur, M. Balvi, Raúl Vargas, Openheimer, Naim, Barrenechea y todos los cultores del amor serrano a la Patria.

23. DIAGNOSTICAR PRONOSTICAR IDENTIFICAR LOCALIZAR ANALISAR DEBATIR PUBLICA Y DIALECTICAMENTE INVESTIGAR EDUCAR Y CAPACITAR PARA LA SEGURIDAD ESTABILIDAD CONFIANZA Y DESARROLLO SOSTENIBLE DE LA ECONOMIA Y PLANIFICACION DE LAS INVERSIONES PUBLICAS Y PRIVADAS CON INCLUSION ECONOMICA Y SOCIAL

Sintomatología: En momentos en que decrecen las exportaciones peruanas por efecto de la crisis internacional, la velocidad de crecimiento económico del Perú es frenada por carecer de conciencia tributaria, complicada por la corrupción, informalidad, ilegalidad, evasión y elusión tributaria, el contrabando y la piratería que ocasionan fuertes pérdidas al fisco, desacelerando el desarrollo integral de la nación, siendo los más perjudicados como siempre los más pobres, generando lavado de dinero y riquezas mal habidas, fuga de divisas, depósitos en bancos extranjeros.

PROPUESTAS:

1.- Desde niños, en el hogar, la escuela y la comunidad enseñar la Ley del Suizo Giovanni Bertoly: En todo negocio, en todo trabajo pensar que deben ganar el Cliente, el Trabajador, el Estado y la Empresa. Debemos ganar todos, no solamente uno de ellos. Única forma de mejorar el ingreso nacional, para atender la nutrición materno-infantil, alimentación, educación, casa propia y realización, laboral, técnica, profesional, y empresarial, formal tributaria de la población peruana que aumenta diariamente. Desde el alegre y felíz Emolientero de la Esquina hasta las empresas transnacionales.

2.- Contra la evasión tributaria e informalidad empresarial, incluir los cursos obligatorios de emprendimiento, tributación patriótica y solidaria en todos los niveles y campos del sistema educativo, para forjar empresarios con amor a la patria y cultura tributaria, solidarios con los más pobres, donde el mejor DNI y título profesional sea tener su RUC. No es justo que los mejores médicos y profesionales en cuya nutrición y educación se invierte la mayor riqueza de la Nación, sean los primeros en evadir los impuestos, aprovechando del dolor del paciente sin ganas de pedir comprobante

3.- Corregir y perfeccionar los negocios de gobiernos anteriores por división de los monopolios gigantes como telefónica en empresas públicas (del Pueblo) y privadas que compitan con la matriz para conseguir precios más razonables que en los países súper desarrollados. Que no parezca la continuación de los saqueos descarados y abusivos del pasado. Hacer esto en todos los sectores, especialmente el minero. Debiendo reflejarse en la mejora de la calidad de vida, con menos desnutrición y pobreza extrema, con pleno autoempleo, en el mercado donde el principal comprador del micro y pequeño empresario sea el Estado, no solamente para los grandes monopolios.

4.- Establecer un sistema tributario simplificado y diferenciado de fácil entendimiento, comprensión, manejo y justa aplicación, que incentive la descentralización del crecimiento: IVA en la Capital de la República 25%, Ciudades Capitales de la Costa 20%, Ciudades Capitales de la Sierra y la Selva 15%, en el campo 10%, en la frontera 5%. De este modo se reduciría el contrabando de hormiga y serpiente en Tumbes, Piura, Loreto, Madre de Dios, Puno y Tacna. Con el impuesto cero a las exportaciones y 5% sobre las importaciones, permitiendo por lo menos el registro con fines de estudio y planificación.

5.- Contra la "viveza criolla" de "sacarle la vuelta al Estado" y la mezquindad y egoísmo contrario a la solidaridad, desde el hogar, la Iglesia, la Escuela y la Comunidad inculcar la conciencia tributaria y solidaria del peruano y del ciudadano extranjero: dar para recibir, un ser humano con derechos y obligaciones, que no solo exija derechos o se cuelgue de la mamadera del Estado. Parar la descapitalización por las fronteras, mediante la educación y formación de empresas público-privadas de carácter militar, sunat, sunad y policial, con asesoría y apoyo económico del Estado, no hay otra forma de evitar la filtración de las maderas finas y oros del Perú al extranjero.

6.- Cuanto más elevados sean los cargos de gobierno, menos debe ser la voluntad de evasión tributaria, castigándose con expulsión inmediata, revocación automática e inhabilitación toda comprobación de enriquecimiento ilícito, penando no solamente con la pérdida de libertad, sino también con la incautación y confiscación de bienes de la actividad económica creada que debe seguir funcionando pero dentro de la ley a favor directo de los pobres extremos. AEROCONTINENTE y CLAE debieron continuar pero dentro de la ley y a favor de la pobreza extrema en lugar de ser convertidos los aviones en chatarra y los inmuebles incautados en casonas fantasmales.

7.- Exonerar de todo tipo de impuestos a los espectáculos realizados en la Capital de la República y Capitales Regionales Pro Obras de Desarrollo previamente ejecutadas en los pueblos del Perú Profundo, Pueblos Jóvenes y Barrios Marginales, siempre que se realicen dentro de la tolerancia, la moral, la ley y las buenas costumbres. Ejemplo: Actividades realizadas en Lima para ejecutar los proyectos de largo plazo como la Plaza de Toros de Sicaya "La Gallina de los Huevos de Oro del Pueblo", Carretera Sicaya-Chupaca y Centro Comunal y Municipal ejecutados por la Congregación Santo Domingo, Municipio y Comunidad Campesina de Sicaya.

8.- Poner énfasis en el carácter preventivo, gradual y pedagógico de las funciones del Estado, especialmente de la SUNAT, la Policía, los Ministerios y las municipalidades, organizando ferias fronterizas de formalización anticontrabando y las agregadurías de inteligencia tributaria, para detectar las rutas del contrabando desde los países fabricantes hasta los países vecinos, conocer el origen y destino, premiar económicamente a los investigadores que descubran, denuncien y entreguen a todos los autores de evasión tributaria, corrupción y delincuencia..

9.- El desarrollo del Sistema Económico-Financiero de la Nación lo deben enseñar y manejar transparente, profesional, docente y autónomamente el BCR, el MEF y la SUNAT, los colegios profesionales y universidades que deben exponer al pueblo en los cabildos abiertos de nivel distrital, provincial, regional y nacional, a los niños y jóvenes desde las escuelas y los colegios. Los conocimientos son universales, no debe quedar solamente en la mente de las vacas sagradas. Es más, son del Pueblo y deben regresar a él, como predica Vallejo.

10.- Perfeccionar la prevención y persecución del contrabando, la piratería, informalidad y otras formas de evasión tributaria comprobada, con el valioso apoyo de jubilados uniformados y civiles honestos y a cambio de un porcentaje de comisión sobre la recaudación, a fin de ampliar la capacidad operativa de Papá Estado con muchos hijos, la base tributaria y el ingreso nacional necesario para mejorar la nutrición materno infantil, resolver el analfabetismo, la pobreza extrema y desempleo.

11.- El Banco de la Nación debe otorgar préstamos de capital de trabajo a la microempresa formal productiva o comercial que pudieran crear y formalizar los adolescentes precoces, jóvenes colegiales, universitarios, subempleados, desempleados, jubilados e internos de los penales que cuenten con asesoramiento profesional rentado por el Estado, hasta llegar al mercado nacional e internacional, generando empleo, impuestos y divisas.

12.- Promover la creación de la Asociación Nacional de Contribuyentes que recomiende la premiación a los mejores contribuyentes y la distribución justa del ingreso nacional, comenzando por la transparencia de los ingresos de los servidores del Estado, civiles y uniformados, especialmente de los gobernantes más altos de la política y cargos de confianza. Para ayudar a las procuradurías en hacer efectivos la reparación a favor del Estado, desenmascarar y denunciar testaferros, encubridores y cabecillas.

13.- Contra los casos de inflación importada, como los alimentos, combustibles y maquinarias, crear un centro internacional de investigaciones, predicciones, estudios y propuestas de alternativas de sustitución sostenibles, como la producción de frijoles, trigo, chocho, quinua, maca y otros sustitutos equivalentes, su industrialización e ingreso al mercado nacional e internacional.

14.- Centralizar, racionalizar y diferir hasta el momento de producción industrial y venta del producto final, todos los trámites y costos de licencia municipal, notarial, registral, administrativa y puesta en funcionamiento de toda actividad microempresarial que tenga la intención de formalizarse con RUC y Cuenta Bancaria, bajo la Supervisión del Ministerio de Trabajo y los sectores correspondientes.

15,- Contra los riesgos de la improvisación, asignar los recursos del presupuesto público en atención a los objetivos de desarrollo y las prioridades del modelo fijadas por el Sistema Nacional de Economía y Planificación de corto, mediano y largo plazo, recomendados, criticados y filtrados en cabildo abierto y transparente por el Acuerdo Nacional, los colegios profesionales, institutos y universidades, los partidos políticos, gremios, sindicatos, desocupados activos en esos niveles distrital, provincial, departamental y nacional, en previsión de los conflictos, abusos de poder, privilegio, enriquecimiento ilícito y corrupción. Preguntando siempre "Quien pierde, Quién gana", buscando siempre todos y el Perú.

16.- En lugar del proyectado voto voluntario, restablecer la Libreta Tributaria para en un plazo prudencial fusionarla con el RUC y DNI, inclusive con fines electorales, a manera de contribuir al desarrollo de la cultura tributaria, fundamental en la vida nacional. El que postule a un cargo de gobierno, primero tendrá que ser contribuyente y, segundo, estar al día en el pago de sus impuestos. Es inconcebible que lleguen al Congreso y puestos de gobierno informales, depredadores, ilegales, evasores, mafiosos, narcoterroristas, contrabandistas, traficantes, corruptos y colaboradores.

17.- Simplificar la Escala tributaria sobre las inversiones e IGV: 1% en los departamentos fronterizos, 5% en las provincias de la Selva, 10% en las provincias de la Sierra, 15% en las provincias de la Costa y 20% en las mega ciudades.

18.- Establecer una escala de recompensas para las organizaciones de servidores civiles y uniformados jubilados, especialmente detectives, agentes de seguridad y defensa, que obtengan resultados positivos concretos en la ofensiva total contra el tráfico de insumos y armas usadas por el narcoterrorismo, el crimen y contrabando desde los países de origen, la piratería, informalidad y evasión tributaria, en alianza con las empresas e instituciones perjudicadas.

19.- Convocar al crítico Economista Waldo Mendoza B. para ayudar en la ampliación de la base tributaria del 2010 (16%), según recomendación del FMI (ref. Sección Económica de El Comercio 1° Julio 2010), sin elevar los porcentajes de impuestos vigentes. Disminuir las colas, ampliando a un 2° turno el horario de atención de la SUNAT, y a una labor más educativa que represiva. Salir del escritorio a los nidos de informalidad y evasión.

20.- Si las estadísticas reflejan cada vez mejores cifras macroeconómicas, invertir el consecuente superávit según los criterios de racionalidad y rentabilidad socio-económica y capitalización empresarial del SNIP, pensando en la mayor empresarialización formal y contribuyente de la PEA del corto, mediano y largo plazo. Aumentar las reservas de oro ymonedas con mayor poder adquisitivo.

21.- En base a la vida austera, comprobada administración honesta, vocación de ahorro y progreso de los jubilados del Siglo XX que han sobrevivido a tantas crisis e injusticias, emulando el ejemplo de la derrama magisterial peruana, el Banco de Jubilados de Chile y con las orientaciones del Banco Femenino del Profesor Indú Julius Junas, crear el Banco de las Cabecitas Blancas, con sus modestas aportaciones mensuales y el aporte simbólico de S/1.00 del Estado por cada jubilado, para demostrar su fina sensibilidad humana y desprendimiento apoyando y asesorando al desarrollo de los más pobres de su organización y del país, que otorgue créditos para capital semilla con 1% de interés.

22.- Convocar al Econ. Sardón de la UPC, creyente de que la libertad ayuda al crecimiento, para enseñar econometría en los cabildos públicos abiertos de los pueblos. A este pensamiento, el autor agrega que el empresario privado cuida cada centavo que se gana e invierte, porque sabe que si pierde es doloroso y difícil recuperar, porque el capital se construye de centavo en centavo que se gana con sudor, lágrima, tensión y desvelo. Seguro que si fueran suyos, los ingenieros no despilfarrarían tan alegremente, so pretexto de proyectos de forestación, en miles de reiteradas campañas de plantones que no han prendido en Sicaya, por falta de una empresa que trabaje con un plan de cuidado día y noche, para ver frutos por lo menos después de 40 años. Claro, ellos ya recibieron sus sueldo y se compraron su carrito, qué van a volver a pisar el barro. Y, los que pisan el barro, que van a esperar 40 años . Pero una empresa privada planificada sí. La autoridad transitoria, relación y emoción social del Alcalde, debió ser por lo menos respaldada empresarialmente por todos los partidos políticos del distrito para garantizar continuidad, como una Pequeña Política de Estado. Un empresario privado tendría que pensarlo varias veces para asumir la responsabilidad, arriesgar su capital. Falta pues cuidar responsablemente el capital del Estado, difícil de obtener y fácil de gastar, que es del Pueblo y que debería cuidarse mejor que si fuera suyo.

23.- Incentivar el desarrollo legal, formal, industrial, comercial y contribuyente de las microempresas con pabellón gratuito en grune, pow wow, foodex, IFE, sial y las ferias sectoriales y multisectoriales más grandes del mundo, la reorientación de la educación como la creación de institutos y facultades de comercio exterior en todas las universidades públicas departamentales, descentralización de promperú, adex, comex, sierra exportadora, industrialización de los recursos andinos y amazónicos, mejoramiento profesional del apoyo comercial de las embajadas, perfeccionamiento curricular de la Academia Diplomática. ¿Qué podemos esperar de una anciana abogada designada embajadora por favor político?.

24.- Desdoblar por lo menos en 2 turnos de 8 horas y descentralizar hasta el nivel distrital, los servicios de información, educación, capacitación, orientación y recaudación de impuestos, con el fin de reducir la evasión tributaria y ampliar la base tributaria. Hay casos de empresas con buena voluntad de facturar pero no saben manejar la calculadora y menos la computadora o el internet con clave sol on line "Ninshi", ni dominan la regla de tres para obtener el IGV. Por esta razón, para facilitar el manejo, debería introducirse una escala tributaria inversamente proporcional a la pobreza geo-territorial, con premio anual para los puntuales líderes de la conciencia tributaria. Escuela Transitoria y volante que enseñe el cómo *calcular y pagar los impuestos electrónicamente, especialmente* allí en los centros de fuerte movimiento comercial como la cachina, san Jacinto y La Victoria, al parecer de bajísimo nivel educativo.

25.- Poner administración legal-gerencial del Estado para garantizar la continuidad de funcionamiento de prósperas unidades de producción de capital de origen ilegal, como haciendas ganaderas (de los Paredes), compañías aéreas(aerocontinente), financieras (CLAE) y otras actividades económicas confiscadas por lavado de activos, corrupción o narcoterrorismo o reparación civil, cuyas ganancias se debería legitimar destinándolas a otras actividades lícitas productivas que generen los fondos para financiar proyectos contra la desnutrición materno infantil en las provincias más pobres, antes de que los aviones sean retenidas en el extranjero, se oxiden en los angares o de desmoronen por el abandono, como si nos sobrara dinero.

26.- El Perú requiere un sistema de economía y planificación que no se limite a la función de recaudar y contabilizar la caja del Estado, sino sobre todo a investigar y crear nuevas fuentes de ingreso y riqueza para invertir en "gallinas de los huevos de oro" y no elefantes blancos con dinero de todo el Perú, a menos que los gobernantes figuretis lo hagan con su bolsillo. Un ejemplo de "Gallina de Huevos de Oro" es la Monumental Plaza de Toros de Sicaya, la cual pasó de las barreras y tribunas de madera, a las de tapia, hasta llegar a la maciza construcción de material noble, por obra empresarial a largo plazo de los sicaínos de éxito que organizados en la Congregación Patronal Santo Domingo, concibieron y ejecutaron desde la década del 40, una inversión millonaria, cuyas utilidades anuales sirven para financiar otras obras de desarrollo como el Centro Comunal y Cívico. Vayan a ver y gozar el toril y el wacachi la primera semana de Agosto cada año, comparable con el Carnaval de Río y la Fiesta de la Mamacha Candelaria de Puno..

27.- Las joyas regaladas a los peruanos por la maravillosa naturaleza, regalo de Dios a las tatarabuelas de nuestras tatarabuelas: oro, cobre, plata, agua, pesca, bosque, caoba, algarrobo, coca, gastronomía, café, cacao, quinua, maca y todos los recursos naturales conocidos y por conocer en el paraíso biodiverso del Perú son del Estado que personifica al Pueblo, que Dios se la regaló para no ser pobre. Su exploración, explotación, transformación artesanal o industrial y comercialización puede ser encargado al capital privado, nacional o extranjero, para generar los fondos necesarios contra la desnutrición, la pobreza extrema, el analfabetismo, desempleo y subdesarrollo.

28.- ¿Es justo que las poderosas camionetas de lunas polarizadas y 4x4 de los más pudientes de la sociedad, paguen igual que los choferes trabajadores de taxi alquilado por los combustibles susidiados?, que los vecinos del Cerro Residencial Casuarinas paguen la tarifa más barata que los del Pueblo Joven Ticlio Chico de Lima Sur por cada litro de agua potable que consumen?. Como dice De Soto, la acertada y pregonada inclusión social tiene que ser también económica, política y cultural. Así irán abordándose las otras exclusiones.

29.- Cambiar el miedo a la represión, sobervia y prepotencia de la policía y la sunat, por el respeto a la actitud educativa, cordial, maternal y docente para despertar la confianza, cultura y conciencia tributaria que incluya la capacitación en el manejo de la regla de 3 a los formuladores de factura para obtener el subtotal, igv y total; asimismo los incentivos a los emisores de Recibos por Honorarios, especialmente los exitosos profesionales y empresarios más distinguidos. Tener su RUC debería ser un orgullo y tributar una alegría, una felicidad cuanto mayor sea el monto. No se concibe que los mejores sean los primeros evasores de los ingresos que se necesitan para los departamentos más pobres. El Pueblo debería saber quiénes y cuanto aportan y también ver transparentemente quienes, cómo, por qué y cuánto se la llevan.

30.- Acorde con el pensamiento pluralista del autor, en las licitaciones públicas de obras públicas y concursos de proveedores por más de 10 millones de Nuevos Soles, con el fin de compartir oportunidades antimonopólicas, otorgar el 70% de la buena pro a los ganadores, 20% al segundo puesto y 10% al tercero. De ese modo se aumentaría la capacidad operativa de las empresas y el Estado. Se minimizarían las impugnaciones que retrazan las obras.

31.- Contra el mal uso y pérdidas de dinero público por falta de continuidad empresarial, como los miles de plantones perdidos en los improvisados y fracasados proyectos de forestación del Valle del Mantaro; contra la demora y consecuente obsolescencia del proyectado tren eléctrico de largo plazo, financiado con deuda externa que no perdona amortizaciones e intereses, establecer la transparente y multipartidaria administración empresarial privada, acorde con la Política del Estado que excederá el mandato de un Gobierno.

32.- A fin de evitar el fraccionamiento y debilitamiento del Partido de Gobierno, el retiro de su elite ideológica en detrimento de los intereses nacionales, debe quedar establecido que la versión final del Plan de Gobierno del Candidato Presidencial ganador, debe incluir los puntos del Acuerdo Nacional y los aspectos constructivos de los planes de gobierno de los otros candidatos, de sus mentores y equipos, a fin de fortalecer la fuerza organizativa y ejecutiva del Nuevo Gobierno, en lugar de la división mezquina de la política del egoísmo de la oposición. Terminada la pelea en la subida a Ticlio (Morococha), mejor empujar el carro todos, que solo unos cuantos, peor si hay empujadores en sentido contrario. Elegido el Presidente, todos debemos apoyarlo, sin distinción de colores ni pelajes.

33.- Promover la creación de asociaciones privadas de moralización, investigación y denuncia de actos de corrupción, evasión, contrabando, piratería, narcoterrorismo y otras formas de probado enriquecimiento ilícito con fondos del Estado que debemos entender como una apropiación ilegal de los bienes del Pueblo, como la fuga ilegal de capitales y depósito en cuentas secretas y paraísos fiscales del extranjero, a cambio del 10% del monto descubierto.

34.- Dignificar, respetar y proteger toda riqueza ancestral y contemporánea bien habida, proveniente del capital o trabajo manual o intelectual honrado, formal y contribuyente. En consecuencia, toda riqueza de dudosa procedencia o proveniente del narcoterrorismo, contrabando, trata de personas, de la corrupción u otro delito, será investigado, denunciado, perseguido, confiscado, penado y transferido al Estado. Tratándose de empresas como CLAE y AEROCONTINENTE, deben continuar funcionando, bajo la administración de una fundación por los pobres extremos del Perú.

35.- Combatir la informalidad, ilegalidad y evasión tributaria de actividades económicas como la minera, forestal, comercial, profesional y otras rentables y lucrativas, desde la infancia y la escuela, mediante la sustitución del DNI por el RUC. ¿Es aceptable ser elegido o elector siendo evasor? No debería bastar la destitución e inhabilitación de los autores comprobados. Debería confiscarse todo bien mal habido, para que siga funcionando pero contra la desnutrición materno infantil, el analfabetismo, el desempleo, la extrema pobreza, la injusticia y el subdesarrollo. Eso sí, ningún ocioso, ningún oxiuro, ningún murciélago ni roedor con cola, nigún corrupto en el rebaño. Cerramos con la lección de las abuelas, aunque viejita, la ropa debe estar limpia, la pobreza no significa delincuencia. Ojo: Sólo Dios puede disponer de la vida, salvo casos extremos. "El Hombre propone, Dios dispone.

Equipo Asesor: Ex Ministros de Economía, ex presidentes del BCR, ex decanos de los colegios de economía y de las facultades de economía de las universidades públicas y privadas, economistas Félix Jimenez, Carlos Adrianzen, Kurt Burneo, Javier Iguiñez, PPK, Richard Web, Daniel Siu, Julio Zavala, Raúl Torres, Carlos Alvarado, Palomino, Secada, Economista peruana Liliana Rojas Suarez de Latin American Shadow & Deutsche Bank, Economista Joseph E, Stiglitz, Premio Nobel de Economía, Profesor de la U. de Columbia y autor del libro "The Trillon Dollar War", empresarios y voluntarios de la comunidad nacional e internacional.

V. METAS PARA EL 2036

- Ingresar al OCDE.
- Peruanos y peruanas con mejor autoestima de vencedores de sus propios problemas y complejos.
- Código de Valores, Educación, Etica y Cultura que destierren la corrupción, el egoísmo, individualismo, la mezquindad y envidia.
- Regiones desarrolladas, desconcentradas, unidas unitaria, disciplinada y verticalmente a la Capital de la República por carreteras de penetración de doble vía y carril.
- Ferrocarriles y Carreteras Andinas y Amazónicas paralelas a la Panamericana de la Costa. Marina Mercante y de Transporte de pasajeros y turistas de Tumbes a Tacna.
- Estudio Lima y el Perú interconectadas por los Ferrocarriles Troncales Tacna-Tumbes. Multimodales Paita-Brasil, Callao-Brasil, Matarani-Bolivia-Buenos Aires.
- Estudio "Ramificacion Ferrocarrilera para interconectar las regiones a las troncales ferrocarrileras".
- Estudio concluído del Tren Bala de Chile-Perú-Ecuador-Centro y Norteamérica.
- Un Perú sin pobreza extrema.
- Un Perú sin desnutrición materno infantil.
- Analfabetismo Cero.
- Pleno Empleo Via Trabajo Empresarial Autosostenible
- Perú exportando energía hidroeléctrica y otras fuentes interconectadas a los países del Continente.
- Perú exportando alimentos elaborados artesanalmente pero envasados industrialmente.
- Perú Industrializado para exportar sus recuros con mayor valor agregado.
- País exportador de servicios de alto contenido científico y tecnológico.
- Perú Potencia de la Industria y Exportación Gastronómica y Cinematografíca.
- Perú con justicia, viviendo en paz, sin riesgos de guerra interna y externa.
- Libre tránsito entre los países de UNA SUR, con fronteras sólo para requisitoriados.

- Con marina mercante nueva fabricada con nuestras mismas manos en lugar de las fallidas chatarras del Siglo pasado, para transportar las exportaciones e importaciones igual que una aviación de bandera que genere más ingresos para el Perú, no solamente para castas de almirantes y generales.

VI. EL AUTOR

ANCESTROS

No obstante la humildad de sus vidas, resulta importante destacar el origen andino de sus padres Domingo Gutarra Napaico y Jacinta Carhuamaca Castillo, por cuyas venas corren sangres de dos imperios que en sus momentos históricos alcanzaron su innegable esplendor con Pachacutec y Carlos V, fuentes de inspiración para diseñar la futura Política de Estado que se merece el Perú.

Dentro de esa humildad, como la mayoría de peruanos del Perú Profundo, Don Domingo, campesino sin sueldo ni pensión del Estado, puede ser caracterizado como el peruano andino que afronta sus obligaciones de Padre Responsable multiplicando sus actividades productivas de microagricultor, microganadero, microcomerciante, cocinero, peluquero, sastre, zapatero, albañil, compositor, músico y mil oficios más.

Igualmente su Madre India, nacida en Cañete, a pesar de su analfabetismo, supo inculcar la educación de sus ancestros a sus siete hijos, acompañando, supliendo y complementando las actividades productivas del Esposo, destacando su visión de comerciante pionera de la Miniferia de los Jueves y domingos en Sicaya, que la llevó a descubrir las ferias de Huayucachi, Concepción y La Parada.

No está demás mencionar que donde funcionaba optimamente el engranaje productivo de marido y mujer era la gastronomía gracias al genio culinario de Papá y la vena comercial de Mamá. Algo parecido debe haber ocurrido con los tatarabuelos de sus tatarabuelos wancas, a cuyos ancestros rinde homenaje por haber llevado su arte hasta el Cusco, dando ejemplo del espiritu de superación y cooperación entre Marido y Mujer, Secretos del Éxito que se describen a continuación.

Porque la sabiduría wanca, exponente de la Pacha Manca del Valle del Mantaro, era llamada a la Capital del Imperio del Tawantinsuyo, para la celebración de los grandes acontecimientos incaicos, pasando al anonimato durante la colonia, hasta las celebraciones de las grandes campañas agrícolas en la costa y de paso a las reuniones sociales palaciegas durante la República, con más de una semana de caminata, cuando todavía no existía la actual carretera central asfaltada, en los siglos XIX y XX.

NACIDO EN PESEBRE

Santo Dios quizo que el autor naciera en plena 2ª Guerra Mundial, después de la Misa de Gallo del 25 de Diciembre de 1941, no en cuna de oro como orgullosos pregonan algunos descendientes de virreyes, piratas, corsarios y curacas, sino sencillamente en un pesebre natural como la mayoría del Pueblo Peruano: la Comunidad Campesina de Sicaya, Distrito del mismo nombre, Provincia de Huancayo- Valle Andino del Río Mantaro, Departamento de Junín.

Inspirados por los bíblicos padres de JESUCRISTO, Santa María y San José, sus mestizos padres acertaron en elegir el nombre cristiano de JESUS para su primogénito, inculcándole desde la infancia una profunda formación católica, que incluyó su participación en la adoración de los pastorcillos de Navidad, en las celebraciones multitudinarias lideradas por la tradicional Congregación de "Chacuas Chili", allá en su Pueblo Natal de la década del 40.

Concluidas las Fiestas de Navidad el Niño era conducido por sus abuelas al Retiro de Año Nuevo y Bajada de Reyes en el Convento-Seminario de la Orden Franciscana en Santa Rosa de Ocopa, para reforzar su espíritu solidario y recogimiento, compartiendo la hermandad en un mismo recinto, preparando, recibiendo y saboreando la Porciúncula Común, con los ingredientes donados por los pueblos a los descalzos misioneros franciscanos.

La Familia, especialmente las madrinas y abuelas wancas jugaron un rol importante en esta Educación Cristiana del Infante, junto con la Comunidad e Iglesia, donde se cuidó y cultivó el alimento espiritual tawantinsuyano del niño que le serviría para más tarde afrontar las luchas de la vida. Una muestra es asistir a la misa dominical de las 5.00 am con la Abuela Elena que en Quechua observa a los niños que en la wata se les cruzan a la misa de las 6 sin saludarla: "Mayanpa Arsñunchra Jaicuna".

KINDERGARTEN

Lo que ahora es la Cuna y Jardín, tenían las denominaciones de Transición para niños de 5 años, y Preparatoria para niños de 6 años de edad en la Escuela Rural Pre Vocacional Pública N° 517 del Distrito de Sicaya, de la Década del 40 del Siglo XX, cuando el niño pasaba de la cuna de Pachamama y Producción Agropecuaria al 1er Año de Primaria preparado para aprender la suma y resta "Llamtando Habas", y rezar el Padre Nuestro y Ave María al iniciar el día y la noche, antes de tomar un alimento.

Como seguramente sigue ocurriendo en nuestros pueblos del interior del país donde el desayuno consiste en aguita hervida de alguna hierba medicinal silvestre con su canchita o su machquita, así era Sicaya del 40, cuando los padres de los Gutarra Carhuamaca no tenían dinero para el pan, o si tenían algo no había panadería. Las roscas, las jalatantas y los bollos se saboreaban sólo en Noviembre. En estos tiempos difíciles la madre necesidad hizo del primogénito el Niño Panadero de la Esquina.

Enemigo de la explotación infantil, sostiene con esta experiencia que, en lugar del ocio y el abandono, a los niños se debe tener cariñosamente ocupado en pequeñas tareas de ayuda y formación productiva, bajo el manto protector de las abuelas o la vecindad y los agentes de seguridad, convencido ahora de que "La Ociosidad es la Madre de los Vicios", el abandono, hambre y desocupación también. En esta etapa de la vida estaría la génesis del éxito o de la perdición del ser humano mas o menos bien nutrido, ya que nuestros hermanos desnutridos están condenados a lograr difícil realización plena.

ESCUELA PRE VOCACIONAL

Mientras los "Hijos de Papá" tenían el privilegio de estudiar la primaria en escuelas privadas o públicas del extranjero, Lima o Huancayo, los "Wacchas" como el autor estudiaban en la Escuela Fiscal de nuestra Comunidad, con un Docente Polivalente Anual, quienes a la formación intelectual, manual y física, sumaban la disciplina, severa cuando era necesaria que ponían en funcionamiento el "Acha Siuca" o el Pan del Cielo de

3 puntas representando al Padre, el Hijo y Espíritu Santo, para inculcar justo y merecido respeto al Maestro, responsabilidad, puntualidad, orden y limpieza.

Se estudiaba prácticamente mañana, tarde y noche, ayudando a los padres en la siembra, el deshierbo y la cosecha, a veces "walanchando"y "Tardinchando", especialmente los días feriados y week ends, acarreando el agua de manantial en desafío a la condición de "Chaquipuro" de los Sicaínos. Tutapchando en vela y Walanchando al huerto para cumplir el homework. La educación integral comprendía no solamente las ciencias y letras, sino también nociones de agricultura, ganadería, carpintería, artesanía, industria, curtiembre, entre otras labores manuales. Los alumnos fabricaban jabón y pasta dental.

Se complementaba en la casa con el pastoreo de contados animales menores y mayores, arriando y engordando los días domingos y feriados, para su posteror comercialización en las ferias de los pueblos vecinos, acopiado de pastos, labranza de adobes, trabajos de peones del deshierbo, cultivo y recultivo en pago de "Uyay" o de los intereses de los préstamos de micro-capital contraídos por los padres que no perciben ingreso ni beneficio del Estado, quienes de la nada tenían que generar su propio capital de trabajo microempresarial, hoy día con RUC, Boleta de Venta, R x H y Liquidación de Compra.

En ese espacio y en ese tiempo histórico era un privilegio ser Maestro o Policía, los únicos pagados por el Estado, por cierto muy merecidamente. Podría afirmar que la educación andina superaba a la marina, costeña y amazónica.

DOLOROSA MIGRACION

Jesús tuvo la bendición de padres descontentos, particularmente su señora Madre que no sabía ni leer ni escribir, desviviéndose para que no haya más analfabetos en la Familia, aunque tenía que enfrentarse a las inclemencias de la naturaleza, 4 años seguidos de sequía, granizo, helada e inundación que enseñaron a saborear la "sopa de Cogollo de Guindal", la "Pensión Gratis" de los pobres, sin cancha ni mote del "Enerolun" para las pampas de Sicaya sin riego de la Década del 40, inclusive 50, determinaron la dolorosa emigración del campo a la ciudad, en busca de un futuro mejor del Hijo Primogénito.

En estas circunstancias, ante la imposibilidad de sus padres de solventar los gastos de por lo menos educación primaria de los otros menores hijos, el espíritu de superación de todo peruano cuyo principal capital es la educación recibida en el hogar, la Escuela, la Iglesia y el entorno comunal, arrancó al adolescente de los tiernos brazos de sus Padres, para como todo provinciano andino que migra hacia la costa o la selva en busca de una oportunidad de trabajo honrado para ayudar en la educación de los menores de la Familia, "Haciendo de Tripas Corazón", comprendiendo después que, en cualquier lugar del mundo, "Todo Éxito Demanda Sacrificios", no cae del cielo.

Si no es un viaje de turismo o de funcionario bien remunerado, la migración del campo a la ciudad o de un país en desarrollo a un país superindustrializado es dolorosa, pero se justifica si es para salir del hoyo, para ser algo en la vida, porque se aprende a saborear las privaciones y los sufrimientos de vivir fuera de casa, fuera del país, lejos de nuestros seres queridos, se aprende bastante de los golpes del destino que nos arranca de los tiernos fuertes lazos familiares y telúricos. No es lo mismo que viajar como turista o embajador o agregado militar ganando miles de euros o dólares y movilizándose en lujosos vehículos que lo pagan los pueblos, muchos de ellos aún con grave desnutrición, analfabetismo y desempleo.

PRIMEROS TRABAJOS EN LA CAPITAL

Década del 50: Seguro de que "A quien madruga Dios Ayuda", todos los días, inclusive feriados y domingos, tenía que salir a pié a las 5.00 am de Antonio Bazo-La Victoria , caminar hasta La Parada para con el Padre del Patrón, tomar los colectivos tipo Al Capone Chacra-Parada, hasta el Hospital del Niño de la Avenida Brasil, para hacer conexión con el Tranvía, bajarse en el Ovalo, dirigirse al mercado de Pueblo Libre, sacar de la càmara frigorífica los costales de menudencias (vísceras) de vacuno y ovino, deshielarlas, lavarlas y procesarlas para exponerlas en sus respectivos colgadores, para su venta al público por la dueña.

Con los costales lavados y vacíos bajo el brazo, el "Lavatripas" regresa al óvalo a tomar el tranvía con dirección al Mercado de Breña, extraer de la cámara frigorífica y descuartizar las carcasas de carne de res, serruchar y trozar con hacha los huesos, graduándose como uno de los mejores "chancahuesos" del medio, exponiéndolos o colgándolas para la venta al público por el Dueño de la Mercadería. Cumplidas estas tareas, carnes, verduras y condimentos, envases y libretas en mano, proseguir el camino hacia labores domésticas y de cocina en el domicilio de sus patrones.

Terminada su labor de lavado y limpieza, preparado el almuerzo para toda la Familia, autoservido el desayuno-almuerzo como encargado de la cocina, salir al Frigorífico Nacional del Callao, tomando la línea 24 hasta la Avenida Venezuela de Chacra Colorada, donde hace conexión con la Línea 7 hasta el Terminal Marítimo del Puerto y a trote de chasqui desplazarse de este punto a pié hasta el Frigorífico propiamente en el borde del Mar, probando su vocación de ahorrarse el pasaje ante la demora de los colectivos, para sumar a sus cachuelos dominicales de rascatroncos, limpia-pisos, lava- mostradores de puestos, de los fundadores de El Chinito y San Joi Lao.

En el Frigorífico Nacional de entonces que hace tanta falta al Perú, era su función, recibir, lavar, encostalar, marcar y entregar al transportista las vísceras para Pueblo Libre. Igualmente, libreta en mano, las carnes de vacuno, pagar y entregar a los transportistas para Breña. Era rutina del adolescente para todos los días de la semana, con medio día de descanso los Jueves y Domingos, empleados para lavandería de ropa, higiene y limpieza personal. Algo de recreación en las afueras de la ciudad y los coliseos, sin conocer todavía la justa conquista de las 8,8,8 horas de los Mártires de Chicago, sus seguidores en el Perú como el Luchador Social Nicolás Gutarra Seminario, promo de Víctor Raúl.

APRENDE SECRETO PARA SALIR DE LA POBREZA

Al emigrar a los 13 años, el adolescente se creía condenado a trabajar como esclavo toda su vida, trabajar y solo trabajar, quedarse como "lavatripas" y nada más, hasta que su espíritu libertario en una de sus caminatas de descanso dominical revivió la más grande emoción de su vida, al encontrarse en las afueras de la ciudad de entonces-década del 50- con una pizarra en la cual se anunciaba el ingreso a la Secundaria Nocturna de la G.U.E. Pedro A. Labarthe, de la Avenida México-La Victoria.

Sin pérdida de tiempo solicita los documentos pedidos como requisitos para postular. Sus padres respondieron con la velocidad deseada, logrando matricularse y abrir un nuevo horizonte en su vida. Es que apenas había terminado su primaria y desertado del primer año de secundaria, cuando en chimpunes viejos migró de Sicaya a la Universidad de la calle o Caye como dicen los limeños, de trabajos manuales de Pueblo Libre, Breña, La Victoria y el Callao, con sollozos entonando el Vals "Provinciano".

Se habría quedado con lo estudiado en su comunidad de origen Sicaya, de no haber sido por la Secundaria Nocturna que el Señor le ofreció un Domingo de Sol para aprender que "Todo Labartino es un Caballero". Allí concluyó sus estudios secundarios entre las 7 y 11pm, aprendiendo a dormir con los ojos abiertos y despertar cuando la diestra y el lápiz caen al vacío de la carpeta-silla. Todo concluyó con el Premio Ministerio de Educación, consistente en una ruma de las Tradiciones de Ricardo Palma, un lapicero Parker de oro y diplomas, por haber obtenido las más altas notas de aprovechamiento y conducta.

EDUCACION SUPERIOR GRATUITA

El postulante puede compartir con Vargas Llosa la afirmación de que la inconducta o la brutal prepotencia de la autoridad sufrida en la infancia y la adolescencia quedan marcados en la personalidad del ser humano, como una lección o trauma condicionante en el desarrollo futuro que elegirá entre la conducta reprobable o la formación para rectificarla. Víctima y testigo de tales hechos, en el momento de elegir carrera el autor decidió seguir la alternativa de soñar en rectificar la prepotencia y demás anomalías y taras de nuestra sociedad, a través de una institución lamentablemenete suprimida para favorecer la corrupción, los crímenes, la delincuencia que campea en el Siglo XXI.

Así es que al término de su secundaria en 1959, sin necesidad de pasar por el negocio de las academias pre, con un año de autopreparación paralela a la conclusión del 5° Año de Secundaria, postuló e ingresó en 1960 a una de los centros de formación profesional más democráticos, disciplinados y gratuitos del país: la Escuela de Oficiales de la PIP, que, al igual que las escuelas militares, con status similar al de las escuelas militares y militarizadas, los cuales otorgan formación profesional y trabajo seguro al término de los estudios, oportunidades que también deberían otorgar las universidades públicas.

Cabe destacar la fortuna de haber sido distinguido por 3 presidentes de la República: Manuel Prado Ugarteche, por haber pasado al grado de Cadete de Segundo Año con la más alta nota; Espada de Oro Ricardo Perez Godoy, por haber pasado al grado de Técnico Brigadier General; Insignia de Oro Fernando Belaunde Terry 1963, por haberse graduado de Sub-Comisario PIP en el Primer Puesto, equivalente a las espadas de honor de las escuelas militares y policiales que deberían ser mejor las universidades de seguridad y defensa nacional, con sucursales en las 200 provincias del inmenso Perú.

Gracias a estos méritos, fue becado por Brasil, Estados Unidos y Gran Bretaña, siendo asignado a iniciar su carrera profesional integrando el equipo de organización e implementación de la OIPC- Interpol en la PIP, una vez más complementando su trabajo con estudios de Inglés ICPNA donado por el Punto Cuarto, ayudado por la construcción similar de su lengua materna, el Quechua dulce, tajante y sarcástico, así como la necesidad de profundizar sus conocimientos de Derecho en la Universidad para el mejor desempeño profesional en el puesto de pesquisa, extradición y traducción.

AGENTE DE INTERPOL

Con más de 70 años de edad a cuestas, el autor inicia este capítulo con la conclusión de que durante su vida, seguramente por recomendación divina, ha sido asignado por la Nación a importantes equipos que se encargaron de crear, fundar, organizar, educar, para implementar y poner en marcha instituciones importantes de desarrollo, como la Oficina Central Nacional de la OIPC INTERPOL, una Oficina Sectorial de Planificación, PAR Lagarto-Madre de Dios, Servicio de Transportes Sicaya-Lima-Sicaya y el hobby convertido en su propia Empresa de Gastronomía, respectivamente en las décadas del 60, 70, 80 y 90 del Siglo pasado.

En Interpol, fueron sus funciones más importantes las de analista y crítico Detective de los campos de Investigación Criminal, Pesquisa contra la Delincuencia Internacional, Oficial de Claves, Traducción y Extradición, integrante de equipos de trabajo que dieron cuenta de la ubicación, captura y entrega de homicidas y criminales famosos requeridos por la Justicia del Siglo XX, perseguir evasores de impuestos, contrabandistas, traficantes, falsificadores y estafadores pedidos por las justicia del Perú y de países extranjeros, sorprendiendo delincuentes infraganti con las manos en la masa, con el cuerpo del delito.

En el desempeño de sus funciones, observa la necesidad de actualizar permanentemente las carreras profesionales, con mayor razón la carrera del detective, no sólo con los anuales cursos institucionales de actualización, sino también con fuentes permanentes de calificación cultural, hoy mejor explicadas por la dinámica de los cambios cada vez más veloces de la ciencia y la tecnología global. Así estaba programado el autor, seguir estudios de perfeccionamiento profesional en Brasil, Estados Unidos, Reino Unido y Naciones Unidas.

Su rutina diaria, seguramente superada por la juventud, era de 7 a 8 am, estudio de un idioma extranjero, de 8 am a 8 pm trabajo en la Interpol con intermedio para refrigerio y reposo, de 8 a 11pm, Estudio de Derecho. En la secundaria había aprendido tal régimen de vida, con sólo 5 horas diarias de sueño profundo. Y, hoy, prefiere el silencio fresco y tranquilidad completa de horas de la madrugada, permitiendo la concentración y producción máxima para la creatividad, emprendimiento y planificación.

Su formación moral de hogar, el amor y admiración a los valores de sus ancestros indígenas, la Escuela y Comunidad, ética y jurídica profesional de la ENIP, donde había aprendido que EL PERU NECESITA HOMBRES SOLUCION en lugar de hombres problema que sobran, reforzada por las universidades, el Comando Institucional y el respaldo político de los gobiernos, lo llevó a observar, estudiar y elevar las propuestas de renovar la anacrónica Ley de Extradición y superar la vulnerabilidad del Sistema de Seguridad Nacional.

Para el autor, un simple Oficial Subalterno de Investigaciones era inconcebible que la Ley de Extradición vigente, en pleno Siglo XX hiciera alusión todavía a una situación denigrante de siglos anteriores a la independencia nacional como es la esclavitud, que lo rebeló y llevó a realizar un estudio profundo que le permitiera la fundamentación de un anteproyecto de la moderna Ley de Extradición, iniciativa que admitida y aprobada fue elevado por los niveles superiores del Comando Institucional, hasta su aprobación de Alta Dirección y promulgación por el Supremo Gobierno e inspiración de varios autores de libros.

Asímismo, los controles migratorios de la Década del 70, eran verdaderas coladeras que facilitaban la infiltración de personas y agentes de potencias y organizaciones extranjeras que ponían en peligro la tranquilidad y seguridad del Estado, particularmente el acceso a las altas esferas de gobierno, con documentos adulterados e identidades falsas, en un contexto de manejo no profesional de las técnicas de identificación científica. También en este caso, por conducto regular elevó a manos del Supremo Gobierno, la propuesta aprobada que pone énfasis en la identificación profesional y científica de las personas, adelantándose al carácter deliberante de la profesión.

Aún queda su admiración por el FBI de Estados Unidos,, la Sureté de Francia, Scotland Yard del Reino Unido, Bundeskriminalamt de Alemania y la National Police de Japón que en el 70 sincronizaban con la eficiente PIP las acciones internacionales contra las diferentes modalidades de la delincuencia internacional.

PLANIFICADOR DE ESCUELA

A pesar de los contratiempos ajenos a su voluntad que impidieron su viaje a hacer uso de las becas con que fue distinguido al momento de su graduación para realizar estudios de especialización profesional en Brasil, Estados Unidos y Gran Bretaña, el autor logró post-graduarse del Curso de Planificación para el Desarrollo del PNUD 1973 dictado en la entonces Escuela Superior de Administración Pública-ESAP.

Como Planificador de tal Escuela que pretendía ser parangón de la ESAN, en el 74 es asignado al Equipo Militar-Civil-Policial conformado para dar cumplimiento a la Ley de creación de los sistemas de estadística, planificación, racionalización, presupuesto, investigación para el desarrollo, Pre Inversión y Cooperación Técnica Internacional del Ministerio, renunciando en el 75 a la brillante Carrera de Detective de la PIP.

La dolorosa renuncia se justificaba por la magnitud de la necesidad técnico-profesional del Sector y del país. Mientras habían miles de investigadores y policías en ese momento había un solo Investigador-Planificador de Escuela para el enraizamiento, maduración, puesta en marcha y monitoreo de la implementación de los mencionados sistemas, que requería mucha independencia de criterio y capacidad profesional, como ahora lo reclama el desarrollo descentralizado.

Con status civil, en el 75 se inició en el cargo de Asistente Planificador, para en los años siguientes ascender a los puestos de Planificador I, II, III, Director I, II y III de la Oficina Sectorial de Planificación, hasta 1992 en que el cambio de la política, truncó su carrera de Planificador para el Desarrollo que pudo llevarlo hasta los niveles de Alta Dirección del Sector y quien sabe a mayores desempeños más fructíferos que todos los ministros fusibles que pasaron por la cartera. Usmeando la corrupción y abuso de poder del 90, tuvo que renunciar irrevocablemente al cargo de Director Ejecutivo.

Ambas renuncias tienen la particularidad de renuncia definitiva y altruista al cargo precedente, sin volver a postergar la promoción de las generaciones siguientes, de gente nueva, viendo ahora la necesidad nacional de "Caras Nuevas, Manos Limpias y Generosas", con muchas ganas de servir al Pueblo y no a servirse de Él, con los riesgos de la perpetuación de los hombres "imprescindibles" hoy purgando condena.

GRATITUD POR LOS PRIVILEGIOS RECIBIDOS

Con excepción de las principales ciudades urbanas, por obvias razones geo-históricas, los pueblos de la Sierra y la Selva han estado más atrazados que los de la Costa. Comprobó esta irrefutable realidad en el 66, al constatar que a más de mil kilómetros de Lima habían distritos que contaban con servicio telefónico, lo cual está bien. Lo malo estaba en la diferencia de que Sicaya, de la Provincia de Huancayo, Departamento de Junín, a menos de 300 kilómetros de la Capital, pero de Sierra, contaba solo con telégrafo.

Para cambiar esta situación, oportunamente lideró la organización de un equipo de profesionales y empresarios sicaínos residentes en Lima, quienes bajo la denominación de Unidad de Asesoramiento y Coordinación para el Desarrollo de Sicaya-ACD SICAYA apoyaron a las autoridades de su Pueblo en el pase del telégrafo al moderno servicio de teléfono. También gestionó la recuperación de impuestos a los espectáculos del distrito que se llevaba la Provincia, como ocurría con el centralismo del Perú, todo se viene a Lima.

Quitémonos el sombrero por aquellas bravas peruanas y peruanos con indomable espíritu de superación que haciendo de tripas Corazón de León migraron en épocas de crisis decididos a triunfar en el extranjero, en busca de la oportunidad de estudio y trabajo negado por su Patria. Gracias a las remesas de ellos mejora la economía no solo de sus Familias, sino que mejora la situación del país. Ojalá al regresar a la Patria vengan no solo a comprar un auto importado, sino a poner una Planta Industrial y mejorar el Sistema Educativo.

Lo ideal para los que reciben pension del Perú y sueldo en el extranjero, sería invertir en remozar la pobre casita vieja que dejaron, como la abandonada en Cabana por Toledo, la convirtieran en un Hotel-Restaurante-Industria, con las comodidades que promuevan por lo menos el turismo gastronómico y vivencial, la exportación y franquiciado. A largo plazo, sería la mejor forma de hacer Patria, disminuir la migración de las provincias a la Capital, cantando los sentidos himnos de"El Provinciano"y"Huerfano Pajarillo", declamando las rimas "Mi Pobre Cuna" de Ricardo Palma.

CONOCIENDO LA REALIDAD NACIONAL

Los diferentes puestos públicos y cargos privados desempeñados durante toda su vida, le ha permitido conocer la realidad de casi todos los departamentos del Perú, o como investigador o como experto en proyectos de desarrollo individual y colectivo que lo llevaron a conocer y proponer el aceite y crema de coco de San Martín, incluso como pachamancólogo y microempresario, faltándole conocer únicamente los departamentos de Amazonas y Ucayali.

En cada caso le ha tocado dirigir grupos de estudio o coordinación de proyectos de desarrollo como el haber dirigido la expedición multisectorial del Proyecto de Asentamiento Rural-PAR Lagarto de Madre de Dios, para la población Puneña damnificada por las inundaciones que causaron los desbordes de Lago Titicaca de la Década del 60, dando lugar al Proyecto Puneño CECOVASA del "Valle del Futuro", productor del Mejor Café Orgánico del Mundo.

DE SUBEMPLEADO A EMPRESARIO

Si bien desde que tuvo uso de razón-Década del 50-había escuchado a su Padre y Abuelos de los presidentes de la República Odría y Prado, su adolescencia de secundaria nocturna, de trabajo y estudio, lo mantuvieron alejado de la militancia política y, por formación, al abrazar la carrera de investigador se graduó como un profesional apolítico integrante de una de las instituciones tutelares del Estado: La PIP, ingresando al Siglo XXI como pluralista.

Más al renunciar a la carrera del Investigador Policial, desde el 75, en clara aplicación de la Dialéctica, como técnico civil tenía que trabajar propuestas de implementación de las políticas de los gobiernos de turno en un contexto internacional de Guerra Fría, competir con distinguidos profesionales civiles formados en la política desde la universidad e identificados con los cargos de confianza política de la Alta Dirección del Sector.

Contra el avance de la violencia política del 80, de la teoría, como Alcalde pasa a la práctica política de recuperar parte del territorio nacional "liberado", ocupando a su regreso como sobreviviente puestos de Asesor, Director Ejecutivo, Director General (e) de la OSPI, del que de no haberse producido la reelección y rereelección del 90 habría llegado al de Vice Ministro y Ministro del Interior, conocedor de la problemática y solucionática del sector y del país.

Había una razón más para renunciar a la quema de pestañas en 3 cargos: Por más que le pongan movilidad, chofer, secretaria, directores, personal profesional, técnico y auxiliar calificado, honestamente la dedicación exclusiva por un ingreso mensual de S/.300.00 del 90, resultaba insuficiente para sostener alimentación, educación, vivienda y salud de una mujer y 4 hijas. Es una gran pena, antes era suficiente el trabajo del Jefe de Familia. Qué puede enseñar un docente y sacrificar un Policía si con una propina es imposible parar la olla de un hogar.

Felizmente siempre se llevó de los dichos populares, producto de la "Experiencia Madre de la Ciencia" vivida por nuestros mayores, así como "Hombre Precavido Vale por 2". En efecto, sintiendo los efectos de las crisis que siempre vivió el Perú, los fines de semana y feriados, venía practicando como hoby el arte de la Pachamanca enseñada desde niño por su Familia de Excelentes Cocineros Wancas.

Siempre recuerda con orgullo y alegría que su modesta Pachamanca Ancestral había sido descubierta por turistas extranjeros en el rincón de un lleno Estadio Yuly por los festivales folclóricos de Flor Pucarina y Picaflor de los Andes de los fines de semana en la Capital de la Década del 70, cita de las mejores orquestas y bandas de músicos del Centro del Perú, y lógicamente de su variada gastronomía.

Como exdirector subempleado, cansado de tocar puertas currícula en mano y probar infructuosamente varios pequeños negocios, excluído de Sevilla del 92, se lanzó a promocionar la pachamanca, alentado por el espaldarazo de haber ganado el concurso nacional de la Feria Internacional del Pacífico del sueco Gosta Letterstein de 1995, cuyo premio consistió en 60 días de trabajo para montar la Pachamanquería de La Rotonda.

SATISFACCION DE GENERAR IMPUESTOS EMPLEOS Y DIVISAS

Al servir al empresariado transnacional y nacional de acuerdo a contratos de locación de servicio, aunque solo algunos fines de semana, aunque artesanalmente, como todos los productos culinarios, la pachamanca viene agregando valor a las materias primas agropecuarias procedentes de origen campesino e ictiológico, generando empleos, impuestos y divisas desde fines del Siglo XX, en que las facturas en blanco se podían adquirir en el Banco de la Nación.

Con mayor razón desde su formalización como la Empresa de Gastronomía JMGutarra EIRL, con RUC 20258113056, en pago a todo lo invertido por la comunidad nacional e internacional en su formación profesional, desde kínder, primaria, secundaria y universidad, a pesar de haber sido excluído de la argolla de cocineros que en el 92 viajó a Sevilla-España a representar al Perú en los actos celebratorios de los 500 años de "encuentro" cultural.

Gracias al manejo profesional de la empresa, después de toda una vida de práctica y varias décadas de estudio y apuntes de carácter histórico-cultural, con la simpatía, sugerencia y apoyo de sus clientes, especialmente con el Sociólogo y Gastrólogo Mariano Valderrama sistematizó toda la información para dar lugar al libro PACHAMANCA Festín Terrenal, acogido y publicado en el 2000 por la Universidad San Martín de Porres y PROMPERU, en idiomas Inglés, Español y algunos Términos Quechuas.

Sin mezquindades confiesa que gracias al valioso apoyo del libro sobre la sabiduría de sus antepasados, premiado en Francia, su circulación internacional, las modernas tecnologías de punta manejadas por los hijos y nietos, las escuelas y universidades de cocina, la prensa hablada, escrita, televisada y virtual del Perú y el extranjero, las embajadas y consulados, cayendo y levantando, la microempresa viene conquistando la demanda de la Gran Empresa cubriendo el déficit del presupuesto mensual de la Familia, sobre todo para financiar la educación de las hijas

Varias ciudades de Alemania, Estados Unidos, España, Costa Rica, Colombia y Chile, organismos internacionales como la UNESCO le vienen dando oportunidades correspondidas por la consecuente convicción de que "Los Mejores Pachamanqueros no pueden ser los primeros evasores de impuestos y menos los parásitos que consumen sin producir", no más superindividualistas pepes el vivo que sostienen: primero yo, segundo yo y tercero yo, sacando la vuelta al Perú, aprendiendo que la VERDAD y TRANSPARENCIA de las cuentas del Estado, serán algunas de las formas de combatir las mayores taras de nuestra sociedad, como la corrupción y el crimen.

De modo que a estas alturas de la vida, todas sus ventas, aunque eventuales, son contra facturación, más aún si piensa que el DNI debería ser reemplazado por la Libreta Tributaria o el RUC, y que al Perú, además de educación tributaria desde Palacio hasta el Jardín, el hogar y la Comunidad, le está faltando una Asociación Nacional de Contribuyentes que premie anualmente al mejor contribuyente, que se preocupe por el destino transparente de sus tributos, que son del Pueblo, por el Pueblo, para el Pueblo.

LECCION DE VIDA

Después de tantas caídas y levantadas, la vida le ha enseñado que uno de los caminos de superación de todo peruano que surge de la nada, es FRANQUICIAR, como McDonald y Gastón

PARA FRANQUICIAR HAY QUE INGRESAR AL MERCADO INTERNACIONAL

PARA INGRESAR AL MERCADO INTERNACIONAL HAY QUE EXPORTAR

PARA EXPORTAR HAY QUE INGRESAR AL MERCADO NACIONAL FORMAL

PARA INGRESAR AL MERCADO NACIONAL FORMAL HAY QUE TENER RUC

PARA TENER RUC HAY QUE PAGAR IMPUESTOS

PARA PAGAR IMPUESTOS HAY QUE INDUSTRIALIZAR

PARA INDUSTRIALIZAR HAY QUE EMPRESARIALIZAR

PARA EMPRESARIALIZAR HAY QUE OPTIMIZAR CALIDAD

PARA OPTIMIZAR CALIDAD HAY QUE TRABAJAR PROFESIONALMENTE

PARA PROFESIONALIZARSE HAY QUE TRABAJAR Y ESTUDIAR

HASTA GRADUARSE EN LA UNIVERSIDAD FORMAL O DE LA CAYE

Trazarse metas como asistir a las ferias y exposiciones internacionales de Grune Woche Berlín, Expo Comida Latina de Nueva York, Food & Beverage Show de Miami y Retail de Santiago, FOODEX de Japón, SIAL de Francia y China, para conocer la diferencia entre ferias y exposiciones que interesadamente confunden algunos sinvergüenzas "Pepes el Vivo" o traficantes que se rigen precisamente por la ley de "Los vivos viven de los sonzos, y los sonzos de su trabajo".

Saborear silenciosamente los altibajos de los negocios honrados y lícitos, siempre con mentalidad ganadora, a sabiendas de que lo mínimo es ganar experiencia, invertir para ver resultados a mediano y largo plazo, no acobardarse, perseverar y preparar a los herederos y continuadores.

Como en los países superdesarrollados, el pago del IVA o impuesto al valor agregado, marca la justa distancia entre los recursos naturales que supone ingresar a la etapa interesante y multiplicadora de la industrialización y comercialización, trabajable empresarialmente, para comprender la importancia de la calidad certificada, practicable y comprensible profesionalmente

Este es el camino hermoso, el horizonte inmenso que le espera a la gastronomía de calidad en manos de la juventud Divino Tesoro, es el camino seguido por la cadena mundial de miles de restaurantes Fast Food McDonald´s que ya vienen siguiendo varios restaurantes y marcas gastronómicas peruanas sobresalientes lamentablemente con poca vocación de compartir con los principiantes en este negocio, porque claro allí está el secreto de la competencia, misma mentalidad capitalista, a veces salvaje: quien puede puede.

Más, con la globalización mediática, las tecnologías de punta, la formalización empresarial y el manejo profesional que está en manos del Pueblo Milenario, tarde o temprano se puede acceder a esta meta, por el momento privilegio de unos cuantos millonarios, dentro del liberalismo regulado por el Estado-no ultraliberalismo del 90 que incondicionalmente abrió de par en par las puertas del Perú, so pretexto de la libertad de mercado que en principio favorece a los más dotados materialmente, con metas alcanzables también con trabajo, estudio y constancia, con la austeridad, la racionalización, que lleve a ahorrar de centavo en centavo, crear el capital de la nada, invertir con cuentagotas digamos en una Planta de Envasado Industrial en lugar de gastar por gastar digamos en un auto más para congestionar y contaminar la ciudad.

Hay además otras riquezas inmateriales aprovechables, como la divina cultura, geografía e historia nacional, tan valiosos para la industrialización y exportación cinematográfica, desafiando al monopolio internacional de Hollywood, en el marco del Tratado de Libre Comercio entre Perú y la Primera Potencia del Mundo-Estados Unidos- que protege la propiedad intelectual y el derecho de autor. Imagínense por ejemplo, lo hermoso que sería nuestros niños viendo las películas sobre el Primer Grito Libertario de Tupac Amaru, parecido a Corazón Valiente, la Batalla de Junin, similar a Patriot, en lugar de las telenovelas lloronas o las fantasías inexistentes y los chistes aburridos o los realities estupidizantes del vergonzante y subdesarrollante"Choliwood" criollo, insinuantes de violencia y morbo.

INSPIRACION

Este libro rinde homenaje a los mensajes que son fuente de inspiración, el histórico y educativo de Jhon F. Kennedy: "No preguntemos Qué hace el país por Mí, si no Qué Hacemos Nosotros por el país". De ese Víctor Raúl del Espacio y Tiempo Histórico: "Unidos, todo lo podemos, desunidos Nada Somos". César Vallejo: "Hay Hermanos, Mucho por Hacer". Raimondi: "Pobre Peruano, Sentado en Banco de Oro". Entre otros filósofos y pensadores, excepto los otorongos de la repartija.

Que siempre los recuerda con el fondo musical de Condor Pasa, El Provinciano y Huerfano Pajarillo, No Basta, Mujer Andina, Mi Viejo Querido, La Pampa y la Puna, Alpaquitay , Ya me Voy de Melgar, Ojos Azules y otras composiciones lindas con mensaje constructivo, educativo, el acompañamiento del arpa, el charango, la corneta de cuerno que se parece a la gaita, el yungor y la tinya de las abuelas en pollera y manta cantando en Quechua, ni qué decir de la Zampoña y la Quena, el Pincullo y los genios que los hacen cantar y llorar la Grandeza del Antiguo Perú.

Sin olvidar a los genios de Alborada, Lucho Quequesana, Dina Paucar, William Luna, los Kjarkas, Jean Pierre y otros valores del Folklore Nacional y Latinoamericano.

Si llegaste hasta acá es porque tal vez tengas una idea para tu país

www.ideasparamipais.com

¡Dala a conocer!

www.ingramcontent.com/pod-product-compliance
Lightning Source LLC
Chambersburg PA
CBHW021124020426
42331CB00005B/626